지샘과 다섯 아이들의 반 칸 교실 이야기

작은 학교
아이들

지경과 다섯 아이들의 반 칸 교실 이야기

작은 학교
아이들

초판 1쇄 인쇄 2016년 5월 9일
초판 1쇄 발행 2016년 5월 15일

엮은이 지경준
펴낸이 김승희
펴낸곳 도서출판 살림터

기획 정광일
편집 조현주
북디자인 꼬리별

인쇄·제본 (주)현문
종이 월드페이퍼(주)

주소 서울시 영등포구 양평로21가길 19 선유도 우림라이온스밸리 1차 B동 512호
전화 02-3141-6553
팩스 02-3141-6555
출판등록 2008년 3월 18일 제313-1990-12호
이메일 gwang80@hanmail.net
블로그 http://blog.naver.com/dkffk1020

ISBN 979-11-5930-014-1 13370

지샘과 다섯 아이들의 반 칸 교실 이야기

작은 학교 아이들

지경준 엮음

김자두, 김포도, 양딸기, 이레몬, 정호박 그리고 지샘

살림터

아이들을 가르치면서 16년을 보냈습니다. 큰 학교에서만 14년을 근무하다가 이곳 작은 학교에서 2년을 보냈지요. 그리고 올해는 5학년 담임교사를 맡게 되었습니다. 제가 맡은 5학년은 학생 수가 전부 5명입니다. 게다가 여자가 네 명에 남자는 딸랑 한 명입니다. 이렇게 작은 반을 맡아 본 적이 없어서인지 왠지 모를 두려움이 있었습니다. 아이들을 어떻게 대해야 하나, 모둠 활동은 어떤 방식으로 해야 하나, 여자애들이 대부분인데 나를 잘 따라올까?

그러던 어느 날, 거실 책꽂이에 꽂혀 있는 책 한 권을 발견했습니다. 『일기 쓰기 어떻게 시작할까』라는 책이었습니다. 책 제목만 보았지 내용은 살펴보지도 않았습니다. 아마도 수년 전에 읽었을 테니까요.

'그래, 아이들과 일 년 동안 일기를 함께 써 보자. 그럼, 아이들의 마음도 읽을 수 있고, 내 생각도 전달해 줄 수 있겠다.'

어찌하여 그런 기특한 생각이 떠올랐는지는 모르지만 곧바로 실천해 옮기기로 했습니다.

일주일에 한 번씩 나까지 포함해 여섯 명이 한 편씩 일기를 쓰고, 내가 아이들의 일기에 답장을 달아 주기로 했습니다. 이것을 멋진 책으로 만들어 출판도 해 보자고 했습니다. 아이들은 처음 내 이야기를 듣고 들뜨기도 했지만 '설마 책으로 나올까?'라는 생각도 했었답니다.

2부 '작은 학교 아이들'에 나오는 글은 '나와 5학년 아이들이 일 년 동안 살았던 일'을 일기로 엮은 것입니다. 나와 5학년 다섯 명의 친구들이 매주 가장 기억에 남는 활동이나 사건을 일기에 기록하고, 담임선생님인 내가 답장을 해 주는 방식으로 진행되었습니다. 일기는 대부분 학교에서 일어나는 내용을 쓰기로 했지요. 우리 반 친구들이 교실에서 어떻게 생활하고 있는지 궁금하였고, 우리 학교에서 추구하는 교육철학이 아이들의 삶에 어떤 영향을 주는지 확인해 보고 싶었습니다.

 그렇게 시작한 일기는 일 년 동안 한 번도 거르지 않고 끝맺음을 하게 되었습니다. 3월 첫 주부터 시작하여 그다음 해 2월 첫 주까지 서른 일곱 주의 이야기가 일기를 가득 채우고 있습니다. 그래서 한 권의 책으로 엮기에는 어려운 점이 많았습니다. 다섯 명의 친구들이 글을 재미지게 잘 쓰는 것도 아니고, 오히려 도시에 살고 있는 일반 학교 학생들에 비해 글쓰기 능력이 뒤떨어지는 친구들도 있었습니다. 그래서 저는 매주 학생들이 작성한 일기를 고쳐야 했습니다. 물론 글을 고칠 때는 아이들과 함께 상의했습니다. "이렇게 고쳐 보면 좋을 것 같은데.", "저번에 이런 활동도 한 것 같은데 그 내용도 써 보렴.", "이렇게 쓰면 너만 알지 읽는 사람은 이해하기 어렵겠구나." 아이들은 의외로 내 이야기를 잘 들어주었고 수정해 나가면서 우리들의 일기는 그렇게 완성되어 갔습니다.

문제는 저 자신에게 있었습니다. '내가 지금 왜 이 고생을 하나?'라는 고민이 들 때가 한두 번이 아니었습니다. 주말마다 아이들의 글과 사진을 고치고 정리하는 데 걸리는 시간이 만만치 않았기 때문입니다. 하지만 시간이 지날수록 우리의 노력이 차곡차곡 쌓일수록 '끝까지 해 보자'는 마음으로 무게의 추가 기울었고 그렇게 책이 완성되었습니다.

이 책을 작은 학교에 관심을 갖게 된 어른들과 큰 학교에 염증을 느낀 아이들에게 건네고 싶습니다. 작은 학교는 작기 때문에 할 수 있는 것들이 많습니다. 예를 들어, 선생님들이 열 명도 되지 않기 때문에 모두 함께 모여 아이들을 위한 교육 활동을 의논하기 편리합니다. 아이들과 소풍을 가기라도 하면 선생님들이 협의실에 함께 모여 아이들에게 줄 선물을 포장하고, 보물찾기 준비를 하며 수다를 떱니다. 어떤 날은 갓 구운 고구마를 한 손에 가득 들고 와 아침부터 고구마 잔치를 벌이기도 합니다.

또한 교실 한 칸에 들어 있는 아이들 수가 적기 때문에 아이들 하나하나를 바라볼 수 있습니다. 아이들 하나하나를 알다 보니 그 아이의 속내를 들여다볼 수 있고, 학부모들과 할 이야기도 많아집니다. 이 책에는 일 년 동안 어느 작은 학교에 있는 작은 교실에서 선생님과 다섯

명의 아이들이 살아온 삶이 드러나 있습니다. 경쟁이 아닌 협력을, 속도
가 아닌 방향을, 아이들이 아닌 아이 하나하나에게 관심과 애정을 쏟고
있는 작은 학교의 이야기를 한번 들어 보세요.

2016년 새봄
지경준

차례

1부
작은 학교 이야기

'학교란 무엇인가, 어떤 학교를 만들어 나갈 것인가'라는
질문에 답하기 위해 일 년여 동안 고민과 토론을 해 왔다.
그리고 '배움과 삶이 함께하는 행복한 학교'라는
우리가 추구하는 학교의 철학을 결정하기 이르렀다.
그래서 우리의 교육 활동에는 '배움'과 '삶'이 함께 공존한다.
아이들에게 의미 없는 배움보다는
그들의 삶에 의미 있는 배움을 추구한다.
그런 관점에서 우리 학교는 의미 있는 학교가 된다.

작은 학교는 얼마나 작은 거야?

국어사전에서 작다는 것의 의미를 찾아보았다.

첫째는 길이, 넓이, 부피 따위가 비교 대상이나 보통보다 덜하다.

둘째는 정하여진 크기에 모자라서 맞지 아니하다.

셋째는 일의 규모, 범위, 정도, 중요성 따위가 비교 대상이나 보통 수준에 미치지 못하다.

넷째는 사람됨이나 생각 따위가 좁고 보잘것없다.

다섯째는 소리가 낮거나 약하다.

마지막으로 돈의 액수가 적거나 단위가 낮다.

작은 학교에서 작다는 것은 어떤 의미일까? 그건 일반적인 학교와 비교해서 학교의 크기뿐만 아니라 학생 수도 작다는 것을 의미한다. 그럼 도대체 얼마나 학생 수가 작으면 작은 학교라고 불리게 될까? 일반적으로 한 반의 학생 수가 15명 이하이고, 한 학년에 학급이 1~2학급 내외면 작은 학교라 불린다.

작은 학교로 돌아오는 아이들

불과 10여 년 전만 해도 아주 작은 학교는 폐교되거나 인근 학교와 통폐합되는 경우가 많았다. 아이들이 떠난 작은 학교는 더 이상 운영이 힘들어졌고, 국가에서는 몇 명만 남아 있는 작은 학교에 투자하는 걸 낭비라 생각했다. 왜 학교에 남아 있던 아이들 수가 줄어들었을까? 그건, 아이들을 데리고 있던 어른들이 마을을 떠났기 때문이다. 그리고 그들은 도시로 나왔다. 도시에 나와 잘 살아 보자고, 그리고 자신의 아이들에게 남부럽지 않은 교육환경을 제공해 주려고 그렇게 기를 쓰고 도시로 나왔다.

그런 어른들이 이제는 작은 학교에 관심을 가지기 시작했다. 이들은 왜 작은 학교에 관심을 기울이게 되었을까? 아마도 큰 학교에서 할 수 없는 것들, 아니 하기 어려운 것들을 채워 나기기 위해서일 게다.

첫째는 한 아이에 대해 관심과 사랑을 집중할 만한 여유가 있다. 큰 학교는 일반적으로 한 반에 25명 내외의 학생들이 있다. 모든 학생들에게 관심과 사랑을 집중하는 데는 한계가 있다. 특별히 관심을 가질 만한 행동을 하거나 사건이 일어나지 않은 이상 그 아이를 특별히 바라볼 만한 여력이 없다.

둘째는 학교나 학급교육과정 운영이 비교적 자유롭다. 내가 맡고 있는 학생 수가 적다 보니 그들의 특성에 맞는 맞춤형 교육이 가능하고, 학생과 학부모의 요구를 교육에 반영할 수 있다.

셋째는 교사, 학생, 학부모들이 서로 소통하며 지낸다. 영수네 집이 오늘 김장한다는 것도 알고, 2학년에 다니는 윤서가 감기가 걸려 일주일째 결석한 것도 모두 알고 있다. 아침에 일이 있으면 내 아이가 학교가는 것을 아이 친구의 엄마에게 잠시 맡기기도 하고, 학부모회가 주체가 되어 같이 고기도 구워 먹고 풍선 터뜨리기 시합도 한다.

그런데 이런 일이 전국 곳곳에서 일어나고 있다. 작은 학교가 점점 살아나고 있다. 어른들의 관심이 큰 학교에서 작은 학교로 이동하고 있다. 미래에 행복한 아이가 아니라 지금 행복한 아이가 되길 바라고 있다.

작은 학교는 철학이 있다

폐교의 위기에서 벗어나 오히려 더욱 관심의 대상이 된 몇몇 학교들이 있다. 전북 완주에 있는 삼우초등학교는 일부 교사와 지역 인사, 학부모들의 노력을 통해 학교의 철학을 만들었다. '참다운 즐거움을 찾는 학교, 지극히 한국적이며 상식적인 학교'가 삼우초등학교의 학교철학이다. 전북 진안에 있는 장승초등학교는 2010년 당시 전교생이 13명에 불과했지만 지금은(2015년 현재) 학생 수가 92명을 넘어섰다. 이 학교는 '스스로 서서 서로를 살리는' 학교철학을 실천하고 있다. 그래서 놀이공원으로는 체험학습을 가지 않는다. 학교철학과 위배되기 때문이다.

대도시인 광주에 있지만 변두리에 위치한 광주북초등학교는 2005년 광주지산초등학교의 분교로 통합되었다가, 2006년에는 학생 수가 14명으로 폐교 위기를 겪었으나 교사, 학부모, 지역사회의 노력을 통해 2015년 본교로 승격되었다. 내가 근무하고 있는 광주지산초등학교도 예전에는 학생 수가 적어 광주북초등학교와 통폐합되었으나, 지금은 학생 수가 많아져 북초등학교의 승격을 도울 수 있었다.

이런 작은 학교들에는 공통점이 있다. 그건 바로 학교철학이다. 말로만 내세우는 학교철학이 아니라, 실제로 지향하는 학교철학을 교육과정에 반영하기 위해 노력하고 있다.

우리 학교의 경우를 예로 들어 보겠다. 2011년 혁신학교로 출발한 우리들은 '학교란 무엇인가, 어떤 학교를 만들어 나갈 것인가'라는 질문에 답하기 위해 일 년여 동안 고민과 토론을 해 왔다. 그리고 '배움과 삶이 함께하는 행복한 학교'라는 우리가 추구하는 학교의 철학을 결정하기에 이르렀다. 그래서 우리의 교육 활동에는 '배움'과 '삶'이 함께 공존한다. 아이들에게 의미 없는 배움보다는 그들의 삶에 의미 있는 배움을 추구한다. 그런 관점에서 우리 학교는 의미 있는 학교가 된다.

세 가지 가치를 담다

학교가 추구해야 할 방향은 곧, 그 자체가 학교철학이라 할 수 있다. 그러한 학교철학을 흔들리지 않게 추구하기 위해서 우리가 지켜야 할 가치들이 있다.

첫째는 민주성이요,
둘째는 자발성이며,
셋째는 공공성이다.

민주성은 모든 교직원이 평등한 관계라는 관점에서 출발한다. 학교장, 교사, 행정직 직원들 모두 자신이 위치한 자리에서 그에 알맞은 역할을 수행하는 것이지 직위 자체가 높고 낮음을 의미하는 것은 아니기 때문이다. 따라서 교직원 협의는 민주적으로 진행된다. 누구 한 명의 입김에 의해 결정되는 구조가 아니라 모두의 의견을 수렴하여 함께 나아가는 구조이다. 이러한 민주성은 교육 활동에서도 마찬가지이다. 다모임(학생자치활동)에서 결정된 학생들의 의견을 존중하고, 최대한 반영하기 위해 노력하는 것도 학교가 지켜야 할 가치에 민주성을 담고 있기 때문이다.

자발성은 모두가 학교의 주인공이라는 인식에서 출발한다. 최근 몇년 동안 인기를 끌고 있는 〈응답하라!〉 드라마 시리즈를 보면 우리 어른들의 과거를 조명하며 향수를 자극하는 측면도 있지만, 영화 〈도둑들〉처럼 출연하는 배우들이 모두 주인공이 되어 각자의 역할을 나름대로 멋지게 수행해 나가는 구조를 취하고 있다. 슈퍼맨처럼 한 명의 위인이 나타나 세상을 구하는 전개가 아닌 것이다. 우리 모두는 세상의 주인공이다. 이 세상의 이야기를 쓰는 사람은 타인이 아닌 나 자신이다. 그럼 학교의 주인공은 누구일까? 모두 각자의 자리에서 멋지게 자기의 이야기를 쓰면 된다.

공공성은 누구도 소외당하지 않는 아이로 만들겠다는 의지에서 출발한다. 경쟁에서 이겨 살아남는 아이, 금수저로 태어난 아이, 외모가 빛나는 아이만 사랑받는 세상이 아니라, 아이들 하나하나의 개성을 존중해 주고, 그들 나름의 삶을 인정해 주는 시선을 취한다. 작은 학교는 이러한 공공성에 대한 의지를 실천으로 이어지게 하는 데 큰 도움이 되는 환경을 지니고 있다. 그래서 아이들이 아닌 아이 하나하나에게 관심과 애정을 쏟을 수 있다.

학교 운영 시스템이 민주적이고, 각자의 자발성을 격려해 주며, 누구도 소외당하지 않는 구조로 이루어졌다면 그런 학교는 틀림없이 아이들을 보낼 만한 학교이다. 작은 학교는 이런 시스템을 완성해 나가는 데 있어 최적의 구조를 갖추었다.

학교가 추구하는 가치와 철학

'배움과 삶이 함께하는 행복한 학교'라는 학교철학을 실천하기 위해서는 지산공동체 구성원 모두가 함께 고민해야 한다. 우리는 2014년 지역 인사, 교육 전문가, 학부모, 학생, 교직원이 함께 참여하는 100인 원탁 토론을 진행하였다.

'지산 교육의 100년을 설계하는 지산교육공동체 100인 원탁 토론'에서 '당신이 바라는 지산 어린이의 모습은 무엇인가?', '당신이 바라는 지산 어린이가 되기 위해 필요한 것은 무엇인가?', '우리가 바라는 지산 어린이의 모습을 키우기 위해 나는 무엇을 해야 할까?'에 대해 심도 있는 토의가 이루어졌다.

이 원탁 토론을 통해 교사, 학부모, 학생으로 이루어진 교육공동체의 다음과 같은 의견을 수렴할 수 있었다.

이를 바탕으로 2015학년도 교육과정을 구성하기 위해 교사들은 2014년 11월부터 2015학년도 교육과정을 계획하기 시작하였다. 지산 교육공동체가 바라는 가치를 생각하며, 교육과정에 대한 연수를 전 교사가 함께 듣고 고민한 끝에 2015학년도에는 '공동체 그리고 나눔'이라는 가치를 담은 교육과정을 함께 만들어 보고자 하였다.

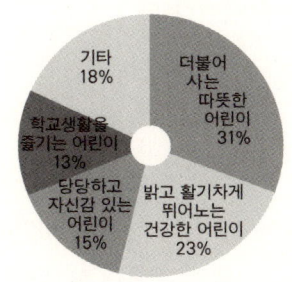

당신이 바라는 지산 어린이의 모습?

기타 18%

더불어 사는 따뜻한 어린이 31%

학교생활을 즐기는 어린이 13%

당당하고 자신감 있는 어린이 15%

밝고 활기차게 뛰어노는 건강한 어린이 23%

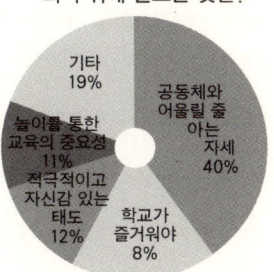

당신이 바라는 지산 어린이가 되기 위해 필요한 것은?

기타 19%

놀이를 통한 교육의 중요성 11%

적극적이고 자신감 있는 태도 12%

공동체와 어울릴 줄 아는 자세 40%

학교가 즐거워야 8%

따로 또 같이

'공동체'는 무엇인가?

우리 학교는 태어난 지 91년이 지났으나, 학생 수는 83명으로 100명이 채 되지 않는다. 소재지는 광역시이지만 전라남도 담양과의 경계선에 학교가 자리 잡고 있어 주변에 주택이 많지 않다. 2~3년 전만 해도 학생 수가 50명 내외였는데 학교가 자율학교로 풀리면서 북구 지역에 살고 있는 학생이면 누구나 입학할 수 있는 열린 학교가 되었다. 그래서 고학년 학생 수는 적은데 저학년 학생 수는 점점 늘어나고 있다.

'따로 또 같이'의 의미는 각자의 개성과 마음을 존중하면서 더불어 함께 뭔가를 이루어 가자는 것이다. 작은 학교는 '함께'의 의미가 매우 중요하다. 10명 내외인 학년(가장 적은 학년은 7명)이 대부분이기에 한 학년만으로는 활동이 이루어지기 어렵고 '모두'가 '함께' 할 때, 더 보람찬 경험을 할 수 있다. 그러기에 우리에게는 동 학년보다는 '전교생'의 의미가 더 크게 느껴진다.

그래서 2015학년도 중점 가치로 '공동체'를 가장 먼저 세우게 되었다.

1학년부터 6학년까지 발달 수준이 모두 다르다. 특히나 우리 학교는 같은 학년에서도 발달 수준이 다른 경우가 허다하다. 하지만 '공동체' 가치 속에서 '관계' 맺기를 통해 한 학년 더 나아가 전교생이 화합할 수 있고 친남매처럼 즐거운 학교생활이 가능해진다.

또한 개인주의가 만연한 요즈음 사회에서는 공동체의 의미가 더 남다를 수밖에 없다. 학교 속 교육적 경험을 통해 공동체를 되새기며 작은 '관계' 맺기를 익혀 사회적 관계 맺기에 긍정적인 영향을 미칠 수 있다.

공동체의 가치를 실현하기 위해 '관계'를 맺은 작은 모임에서 '소통'이 잘 이루어지길 바랐다. 100명 내외의 학교 구성원들은 적지 않은 수이다. 연령대도 경험도 다른 많은 사람들이 함께 살아가려면 다른 사람의 의견을 정확하게 들어주고, 자신의 의견을 뚜렷하게 제시할 수 있어야 한다.

이러한 '관계' 맺기를 통해 1학년부터 6년까지 학생자치회인 다모임을 중심으로 10명 내외의 열 손가락을 편성하고 서로 '소통'하면서 '협

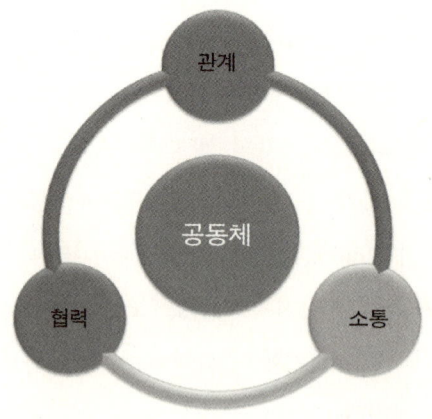

력'을 경험할 수 있도록 교육과정을 재구성하고자 하였다. 협력은 나와 같은 학교에 다니는 다른 사람과 함께 경쟁이 아닌 협력을 이루어 내는 관계 맺기의 실천 마당이다. 직접 몸으로 부딪치면서 내외적으로 공동체의 가치를 내면화할 수 있도록 하고자 한다.

나와 '관계'를 맺은 사람들과의 '소통'을 통하여 '협력'하고 하나의 '공동체'를 이루어 가길.

'공동체'를 어떻게 경험하려 하는가?

'어떻게 '공동체'를 경험할 수 있을까?'에 대한 고민은 먼저 전교생이 함께 할 수 있는 활동을 계획하는 것으로 시작되었다. 2014학년도에 학교에서 실천했던 활동과 교사 각자가 알고 있는 활동을 모두 적어 교사 모임을 통해 시기와 순서 및 활동을 구체화하였다. 다모임을 중심으로 한 '열 손가락' 모둠을 선정하면서 1년을 시작하고, 공동체를 경험할 수 있는 활동을 월 1회 이상 배치하고, 작은 음악회와 학교 특색 교육인 수영 수업으로 마무리하기로 결정하였다.

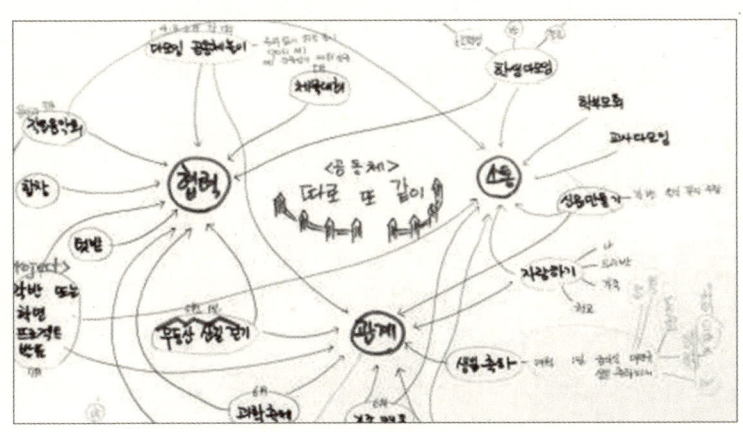

함께 만들어 가는 학교교육과정 마인드맵(2014. 12. 23)

소통하는 나눔

'나눔'은 무엇인가?

1학기에 친구들과의 소통과 협력을 통해 공동체의 소중함을 알고 이를 실천하였다면, 2학기에는 자신이 가지고 있는 것들을 함께 나누고자 한다.

나눔 교육을 말하기에 앞서 먼저 우리 학교에서 추구하고자 하는 나눔에 대해 생각해 봤다. 우리 학교는 도시 외곽에 위치한 작은 학교이다. 전체 학급이 7학급에 불과하다. 그렇기에 각 학년 학급이라기보다는 전체 학생들이 함께하는 교육 활동이 많았다. 2014학년도에도 함께하는 많은 활동들이 이루어졌고 학생들은 물론 교사, 학부모에게도 많은 행복과 만족을 주었다. 교사, 학부모, 학생이 함께 더불어 나누고 행복한 학교가 되기를 희망했고 지금까지 이루어졌던 학교의 가치들이 더욱 견고해지고 깊어지기를 희망했다.

그러나 지금까지 이루어졌던 함께하고 나누는 형태가 주로 물질적인 것에 한정되었고 스스로 시·공간적으로 많은 제약을 두고 소극적인 실천을 해 왔다. 그래서 2015학년도에서는 우리가 함께하고자 하는 것을 우리 스스로 한정짓지 않고 물질적인 것에서 벗어나 마음을 나누고 나뿐만 아니라 가족, 사회, 국가, 더 나아가 지구촌이 함께 나눌 수 있는 진정한 나눔의 가치를 뿌리내려 보고자 한다.

따라서 먼저 이를 실천하기 위해 우리 학교에서는 함께하고자 하는 나눔의 기본 마음을 정하였다. 이는 '공감, 배려, 봉사'이며 이를 바탕으로 나눔은 내가 가진 것을 일방적으로 주는 게 아니라 나와 다른 남이 만나 공감하고 배려하는 속에서 함께 공유하는 것이라 정의하고

자 한다.

　나눔을 실천하는 데 있어서 가장 중요하게 생각해야 할 것이 상대방에 대한 이해, 바로 '공감'하는 것이다. 상대방을 이해, 공감하려면 상대를 먼저 알아야 하고 그 상대가 무엇이 불편하고 무엇이 필요한지 알아야 한다. 즉 '배려'하는 마음을 가져야 하는 것이다, 그래서 나눔은 서로에 대한 이해와 공감이 필요하고 배려하는 가운데 자연스럽게 소통하여 받아들여지는 것이며 결국에는 모두가 행복한 삶을 만드는 원동력이 되는 것이다.

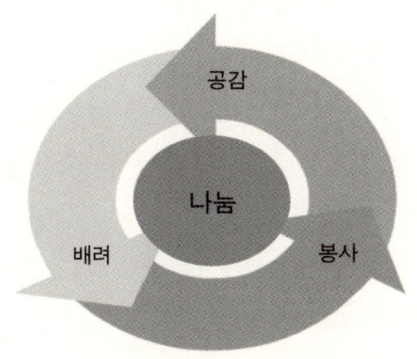

　서로에 대한 공감과 배려를 바탕으로 형성된 나눔의 과정을 통해 만들어진 경험들은 이웃과 더불어 살아가는 삶을 가꾸는 데 큰 힘이 될 것이다. 이러한 나눔을 통해 아이들은 소소한 일상생활 속에서 삶의 의미를 찾고 더불어 행복한 학교를 만들어 나갈 수 있다.

　'공감'과 '배려'를 바탕으로 우리가 함께 '봉사'하는 '나눔'의 실천을 통해 행복한 삶을 가꾸어 가길 바라며…….

'나눔'을 어떻게 실천하려 하는가?

'세상에서 나눌 수 없는 것은 없습니다.'

우리 아이들은 이미 학교에서 많은 것을 나누고 있다. TV 프로그램을 보고 다음 날 아침부터 서로 이야기를 나누고 쉬는 시간마다 친구들과 장난과 몸싸움으로 체력을 나눈다. 그러다 벌을 서면 부끄러움을 함께 나누기도 한다. 먹을 것을 좋아하는 아이들은 맛있는 것을 가져와 친구들과 나눠 먹으며, 자전거 수학여행을 떠난 우리 학교 맏언니들은 영산강에서 자전거를 타며 바람을 나누기도 한다.

이처럼 나눔은 어려운 게 아니라 누구나 쉽게 할 수 있는 것이라는 인식의 변화에서 시작하여, 학교교육과정을 나눔의 철학이라는 측면에서 교과, 창의적 체험, 생활 영역 속에서 실천해 나갈 수 있는지 그 내용을 살펴보아야 한다. 과한 것은 없는지 또 부족한 것은 무엇인지 파악하고 다시 수정하여 우리 학교에 맞는 실천 과정을 만들어 가야 할 것이다.

또한 우리 학교의 철학(공동체와 나눔)에 맞는 새로운 과정을 만들고 이러한 새로운 과정 속에서 우리가 추구하는 나눔의 철학이 제대로 일어나도록 고민하고 계속해서 실천해 가야 할 것이다.

전문적 학습 공동체 역량 강화

전문적 학습 공동체란?

전문적 학습 공동체란 무엇인가. 우리는 배움과 삶이 함께하는 교육에 대해 논의하고, 전문적 학습 공동체란 이러한 가치와 철학이 학교교육에 뿌리내릴 수 있도록 경험을 공유하고 배움을 나누며 자발적으로 성장해 나가는 교사들의 집단이라고 정의하였다.

교사의 강점을 학습에 적용하는 학년군제 운영

교사에게는 저마다의 강점이 있는데, 그것은 교과에서도 마찬가지다. A교사는 과학에 관심이 많고 잘 가르치는가 하면, B교사는 음악 감수성이 뛰어나고 음악을 사랑한다. 본인이 좋아하고 잘할 수 있는 교과를 가르치면 어떤 점이 좋을까? 그건 감히 열정이라고 말하고 싶다. 열정을 가지고 즐겁게 수업을 하면 그러한 느낌이나 감정은 학생들에게 전달될 수 있고, 진정이 담긴 수업으로 이어질 수 있다. 또한 학생들은 자기 반을 떠나 다른 학년과 함께 교육받을 때 더 많이 배운다. 선배는 후배들을 보살펴 주고, 후배들은 선배에 대한 존경이 싹튼다.

그래서 2015학년도에는 학년군제를 실제 수업에 적용하였다. 학년군제는 자신의 전공과목이나 잘 가르칠 수 있는 교과를 선정하여 지도하는 방식이다. 그래서 학생들은 담임교사 이외의 여러 선생님들을 수업 시간에 만나게 된다.

한 명의 교사가 하나의 교과를 학년군으로 연계하여 통으로 보는 교육과정 운영이 가능하며 이러한 방식은 교사의 수업 부담을 줄일 수 있다. 뿐만 아니라 학년군제를 통해 학급에서 일어나는 여러 가지 문제들을 함께 공감할 수 있으며, 교사연구회를 통해 이러한 문제를 어떻게 해결해 나가야 할지 함께 고민할 수 있다.

교사의 정체성을 찾아 주는 수업 관찰과 분석

학생의 입장이 되어 생각해 보았다. 기억에 남는 선생님을 떠올려 보았다. 그분은 열정이 있었고 가면을 쓰고 있지 않았다. 다정다감하였으며 때로는 사납게 몰아친 적도 있었고 우리 앞에서 눈물을 보이기도 하셨다. 수업이 외부의 세계가 강요하는 대로 움직인다면 나를 찾을 수 없다. 그것은 꾸밈으로 가득한 화려한 무대를 보여 주는 것과 같다. 그 뒤에 숨겨진 진짜 모습은 감춰진 채로…….

그런데 우리의 모습을 떠올려 보면 수업에서 자신의 정체성을 찾으려는 노력은 보이지 않았다. 그저 시대의 흐름에 편승해서 그 기류를 잘 타고 가다가 다른 기류를 만나면 갈아탈 뿐이었다.

우리는 각자가 잘하는 교과가 있고, 스타일이 있지만 그건 그동안 감춰져 있었고, 자랑할 만한 것도 아니었다. 오히려 감추는 게 미덕이었다. 그래서 교사는 가르치는 것에 흥미를 잃고, 결국 다른 길을 찾게 되었다. 우리는 선생님의 수업을 관찰하고, 수업자가 가지고 있는 스타일(수업자의 장점)을 찾아 주고 싶었다. 그러면 선생님이 수업을 이끌어 나갈 힘을 얻게 되고, 자아를 찾을 수 있으리라고 생각했기 때문이다.

훌륭한 가르침은 교사의 정체성과 성실성에서 나오며, 하나의 테크닉으로 격하하지 않는다. 나쁜 교사는 과목과 자신을 격리시키고 그 과정에서 학생들과도 멀어진다. 반면 훌륭한 교사는 유대감을 만들어 내는 능력이 있어서 자신의 자아, 학과, 학생을 생명의 그물 속으로 한데 촘촘히 엮어 들여 학생들 스스로 하나의 세계를 엮어 내는 방법을 가르친다. 이들이 만들어 내는 유대감은 방식이 아니라 그 마음에 있는 것이다.

_파커 J. 파머의 『가르칠 수 있는 용기』 중에서

수업 공개는 교사의 정체성을 찾아 주는 방식으로 전개된다. 공개수업 일주일 전에는 간단한 수업안에 대한 사전 협의회를 갖는다. 이때 우리들은 수업자의 의도와 수업 방향에 대한 설명, 학교교육과정에서 추구하는 가치와 철학이 어떻게 수업에 스며들었는지 듣고 토의한다.

공개수업을 하는 주간에는 방송 담당 선생님과 상의하여 원하는 시간에 수업을 촬영한다. 수업을 촬영할 때는 수업에서 주인공이 누구인지를 중심으로 카메라의 시선을 향한다. 학생 중심의 활동이 진행될 때는 학생에게, 교사의 설명이 진행될 때는 교사에게 카메라를 고정한다.

수업이 모두 끝나면 그 주 수요일에 수업협의회를 실시한다. 수업협의회의 목적은 수업자의 정체성을 찾아 주는 일이다. 바꾸어 말하면, 수업자가 가지고 있는 장점, 즉 스타일을 찾아 주고 격려해 주는 것이다. 동영상으로 녹화된 수업을 관찰할 때의 수업 관점은 다음과 같다.

하나, 수업에서 교사가 어려움을 갖는 지점을 찾고 논의하기.
둘, 학생의 배움이 일어나는 지점을 찾고 논의하기.
셋, 수업자가 가지고 있는 수업철학 찾기.

최종적으로는 교사의 수업 강점(스타일)을 찾아 주는 것을 목표로 한다.

- 모든 교사가 두 번 이상의 수업을 공개한다.
- 교육 경력 20년 이상인 교사는 자기 장학으로 대체할 수 있다.
- 수업안은 사전 협의회를 통해 협의하고, 수업자의 의도를 공개한다.
- 수업 촬영은 수업협의회 주간에 실시한다.
- 수업협의회는 해당일 2시부터 시작한다.
- 수업친구를 맺어 실시하는 일상 수업 공개를 권장한다.

일 년의 교육 활동

우리 학교에서 추진한 일 년의 교육 활동을 표로 정리해 보았다. 이 표를 읽고, 학생들의 일기를 읽으면 글의 내용을 이해하는 데 도움이 될 것이다. 2015년도 1학기는 '공동체' 정신의 실천을, 2학기에는 '나눔' 정신의 실천을 교육 활동에 담아 보았다.

주제	시기	내용	장소
지산공동체 마음 나누기	3월	• [열 손가락: 1~6학년] 조 편성 • 나눔 슬로건 만들기 　(공감, 배려, 봉사-나눔의 가치 알기) • 나눔송 부르기	강당/ 완주 청정 수련원
땀으로 하나 되기	4월	• 경쟁이 아닌 협력으로 이루어진 체육 대회	강당
지산 가족 소풍	5월	• 공동체 놀이 • 열 손가락 장기자랑 • 보물찾기	담양 대나무골 테마공원
잔디밭 나들이	5월	• 급식 시간 • [열 손가락] 야외 나들이	교내 야외
과학 캠프	6월	• [열 손가락] 친구들이 스스로 발표하는 과학 부스 활동	강당/잔디밭
도전! 수영의 달인	6월	• 20시간 수영 마스터 과정	첨단 수영장
이름 골든벨!	7월	• 전 직원과 전교생의 이름 알아맞히기	강당
작은 음악회	7월	• 해금, 거문고, 사물놀이, 플루트, 기타 동아리 발표	강당 및 교실
내가 그리는 벽화	7월	• 학교 담장에 벽화 그리기	담장 및 계단
나눔 캠페인	9월	• 나눔 슬로건 만들기 　(공감, 배려, 봉사-나눔의 가치 알기) • 나눔송 부르기	강당
지산 행복 나누기	10월	• 학예 잔치 　(교사, 학생, 학부모 팀)	강당
더불어 행복 나누기	11월	• 공연 봉사	효령노인복지센터
사랑의 열매	12월	• 희망 가게 장사를 통한 수익금 기부	강당
진로 캠프	2월	• 직업 체험	과학실 및 교실

제1부 '작은 학교 이야기' 중 일부는 지산교육공동체 선생님들과 함께 고민하여 작성된 내용입니다.

2부
작은 학교 아이들

작은 학교에서 5학년을 함께 지낸
어느 선생님과 아이들이 일 년을 살아온 이야기입니다.
이 글에 나온 김자두, 김포도, 양딸기, 이레몬, 정호박이라는 이름은
아이들이 서로서로 지어 부르는 이름입니다.

작은 학교는 작다는 이유 하나만으로 다름이 있습니다.
그 다름은 속이 깊은 우물과도 같습니다.
우물은 작지만 그 깊이는 가늠할 수 없으니까요.

다섯 손가락과 만난

3월

관계 맺기

다섯 명의 아이들을 만났다.
앞으로 일 년,
두근거리며 살자.

다섯 손가락과 만난 날

지샘

반 칸 교실은 마치 다락방 같다. 물건을 놓아둘 데가 없어 여기저기 쌓아 두고, 여러 가지 잡동사니들은 벽장에 꼭꼭 숨겨 두었으니 나중에 다시 찾으려면 또다시 한참 헤맬 것이 분명하다.

반 칸 교실에서 함께 얼굴을 맞대고 살아갈 친구들을 소개해 볼까? 까칠 소녀 양딸기, 똘망 소녀 김포도, 야문 소녀 김자두, 궁금 소녀 이레몬, 마지막으로 귀염 소년 정호박이다. 그래서 다섯 손가락…… 그게 우리 반 전부다.

개학 첫날부터 학생들과 나는 동에 번쩍 서에 번쩍이다. 교실 휴지통 정리, 강당 청소, 입학식 참석으로 분주했다. 입학식은 새로 부임하신 L교장선생님이 지켜보는 가운데 진행되었다. 이제 신규 2년 차인 박 교사와 내가 준비한 프레젠테이션은 리허설 때에는 잘만 돌아가더니 장엄하게 흘러나오는 애국가가 멈추는 대형 사고로 이어졌다. 사회를 보는 신 교사의 재치 있는 멘트로 다행히 한숨 돌렸지만 방송 담당 박 교사의 쿵쾅거리는 심장소리가 내 가슴까지 전해졌다. "벌써부터 찍히는 건 아닐까?" "교장선생님 인상을 보니 버럭 화내실 분은 아니야." 스스로를 위안하고 교실로 돌아왔다. 나의 뒤에는 다섯 손가락이 뒤따라오고 있었다.

학생이 원하는 나 VS 내가 원하는 학생

지샘

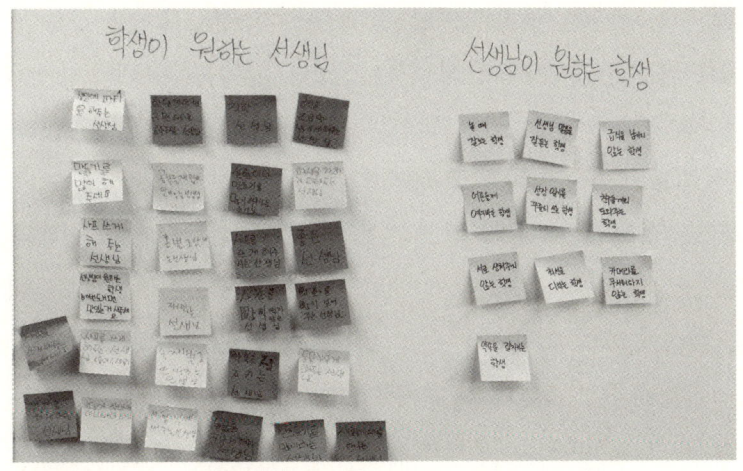

아이들이 원하는 선생님은 착하고, 무섭지 않고, 생일 파티를 해 주고…….
아이들이 원하는 선생님은 대단하지도 않고 소박했다.
아이들은 작은 것에서 행복을 느끼나 보다.

　나는 작년 한 해 교과 전담 교사였다. 그래서 우리 반 학생도 없었고 내 교실도 없었다. '학생들이 원하는 나의 모습'이 궁금했고, '내가 원하는 학생'에 대한 다섯 손가락의 생각도 궁금했다. 다섯 손가락 친구들에게 포스트잇을 나눠 주고 너희들이 원하는 선생님을 적어 보라고 했다. 그동안 나는 내가 원하는 학생을 두꺼운 매직으로 적어 보았다.

　빠르게 글을 써 가는 김자두가 있는 반면 궁금 소녀 이레몬은 무엇을 쓸지 계속 고민 중이다.

"다 적은 학생은 칠판에 포스트잇을 붙여 볼까?"

아이들은 자신의 글이 칠판에 남겨지는 걸 좋아한다. 아마도 자신이 이 상황의 주인공이 된다는 느낌 때문인가 보다.

다섯 손가락 친구들이 쓴 글을 한번 읽어 볼까?

생일 파티를 해 주는 선생님, 만들기를 많이 하는 선생님, 샤프를 쓰게 해 주는 선생님, 착한 선생님, 안 무서운 선생님, 숙제를 적게 내 주는 선생님, 동물을 키우게 해 주는 선생님, 약속을 잘 지키는 선생님, 귀걸이를 허락해 주는 선생님, 선생님 말씀을 50번 들었을 때 맛있는 거 사 주세요 등 아이들의 요구는 정말 소박하고 아이답다.

아이들의 요구 중 들어주기 어려운 것은 다시 아이들에게 이해를 구했다.

"교실에서 동물을 키우면 수업 시간에 집중하기 힘들겠다."

"귀걸이를 하는 것보다 맨 얼굴인 너희들이 더 예뻐!"

아이들은 신기하게도 내 말에 고개를 끄덕였고, 순간 내가 대견해 보였다.

"그리고 선생님 말씀을 50번 들었을 때 맛있는 것을 사 주는 것은 말이야."

이번엔 좀 더 어려운 말로 아이들을 설득하였다.

"우리가 담당한 청소 구역은 과학실이야. 과학실 청소를 잘할 때마다 너희들에게 스티커를 준다면 너희들은 스티커를 받기 위해 과학실 청소를 열심히 하는 학생으로 변할지도 몰라. 그래서 착한 일을 하려는 것보다 '내가 무엇을 얻을 수 있을까?'라는 생각이 앞서게 되면…… 진짜 착한 사람이 되지 못할 수도 있단다. 난 너희들이 진짜 착한 사람이 되길 바라."

아이들은 의외로 내 말을 진지하게 들었고 내 뜻에 동의했다. 나에게는 실로 놀라운 경험이었다.

그리고 마침내 '내가 원하는 학생'을 말할 차례가 되었다.

약속 잘 지키기, 서로 상처 주지 않기, 공책 정리 잘하기, 어른들에게 예의 바르게 행동하기, 카메라를 무서워하지 않기, 놀 때 잘 놀기, 최선을 다하기 등 하나하나의 요구에 대해 아이들과 대화를 나누었고 우리가 원하는 교실을 만들어 나가는 데 힘을 모았다.

'학생이 원하는 선생님'과 '선생님이 원하는 학생'이 적힌 칠판 앞에서 다 같이 사진을 찍었다. 사진 찍기를 싫어하는 양딸기가 사진 속에서 활짝 웃고 있었다.

개학 첫날 학생들과 사진을 찍었다.
우리가 학교에 나오는 날을 계산해 보니 190일 정도 된다.
학생들과 날마다 사진을 한 장씩 찍어 우리들의 성장을 사진으로 남길까 한다.
사진 속에서 웃고 있는 양딸기의 모습을 보니 마음이 흐뭇해진다.

전학 온 날

정호박

전학을 왔다. J초등학교라는 곳이다. 그런데 난 혼자 남자였다. 다행히 선생님도 남자다. 그리고 이름들은 호박, 딸기, 포도, 자두, 레몬이다. 선생님은 지샘이었다.

한참을 놀고 사진을 찍었다. 처음에는 사진이 마음에 안 들어 다시 찍었는데 또 잘 나오지 않았다. 5장쯤 찍으니 잘 나왔다. 그다음은 밥을 먹었다. 그렇게 전학 온 날이 지나갔다.

정호박이 우리 반으로 전학을 왔다.
남자들 속에서 여자는 살아도 여자들 속에서 남자는 살기 힘들다던데 걱정된다.
점심을 먹고 다섯 손가락 친구들의 손가락을 모아 별을 만들어 보았다.
다섯 손가락이 모여야 별이 만들어지는 것처럼 더불어 함께 살아가면 좋겠다.
정호박 힘내!

1교시 수학 시간

이레몬

1교시 때 수학을 한다. 딸기는 수학을 한다고 무지 좋아한다. 자두도 좋아한다. 근데 포도는 수학을 한다고 하니 "안 돼~"라고 한다. 호박이도 좋아한다. 수학 교과서를 펴고 선생님께서 말씀하셨다. "칠판에 적은 것 그대로 공책에 적으세요."라고 말씀하셨다.

선생님이 내 주신 문제를 공책에 적고 나서 풀기 시작했다. 수학책에 있는 문제를 다 풀고, 수학 익힘책에 있는 문제를 풀었다. 노란색 별이 표시된 문제도 있었다. 정호박이 "별은 난이도를 말하는 거야."라고 말했다. 난 별로 어렵지 않았다. 학원에서 배운 거라 어렵기보단 재미있었다. 별 한 개 있는 문제는 엄청 쉬웠다. '약수가 가장 많은 수를 구하시오.' 이게 별 한 개짜리 문제다. 별 두 개는 '다음 수를 만족하는 수를 쓰시오'였다. 정말 쉬웠다.

근데 딸기가 내가 적은 답을 보고 있었다. 난 "보지 마!"라고 했다. 딸기가 '이유 쓰는 거, 만족하는 수 쓰는 것'을 도와 달라고 했다. 난 내가 푼 문제를 검산하고 오늘의 반장 자두에게 채점을 매 달라고 주고 난 후 딸기에게 문제의 답을 알려 주었다. 딸기는 그제야 "아 그렇구나!" 하면서 문제를 풀었다. 다음엔 포도가 알려 달라고 해서 도와주었다. 김포도는 그제야 "아!" 하고 문제를 풀었다. 호박이는 학원 다닌다면서 별이 하나 있는 건 몰라서 찍고 별 두 개 있는 건 실수로 틀렸다.

딸기도 다 맞고 나도 다 맞았다. 포도는 내가 알려 준 것 빼고 약수 구하기 두 문제를 틀렸다. 김포도가 도와 달래서 도와주고 다시 채점을 매니 다 맞았다. 김자두는 채점을 매는데 4개를 틀렸다. 약수 구하는 걸 김자두가 어려워하였다. 선생님이 다른 문제를 김자두에게 내 주셨다. 옆에서 지켜보니 자두는 아주 복잡한 방법으로 문제를 풀고 있었다. 그래서 나와 양딸기가 도와주었더니 고맙다고는 하지 못할지언정 투덜투덜하였다. 난 그냥 안 도와주었다. 대신 양딸기는 계속 도와주고 있었다. 문제를 다 풀고 선생님께 "다 풀었어요."라고 김자두가 말했다. 선생님은 "그래, 이렇게 푸는 거야."라면서 자두를 칭찬했다. 근데 양딸기는 "칭찬받을 일이 아닌데?"라고 말했다. 왜냐하면 자두 혼자 푼 게 아니라 딸기가 약수 몇 개를 말해 주었기 때문이다. 그런데 나는 웃긴 말도 아닌데 웃었다. 그렇게 1교시는 끝났다.

이레몬의 1교시 수학 시간은 정말 대단했다.
초등학교는 1교시가 40분인데 저렇게 많은 일들을
일기에 적을 수 있다는 것에 놀랐고, 이레몬이 수학을 아주 잘할 뿐만 아니라
다른 친구들을 도와주고 있다는 것에 놀랐다.
"나는 웃긴 말도 아닌데 웃었다."라고 표현한 이레몬의 글에서 아무것도 아닌데
깔깔대며 웃음을 그치지 못했던 학창 시절이 떠올랐다.
"이레몬 고마워, 선생님의 어린 시절을 떠올리게 해 줘서!"

공부는 왜 하는 걸까?

지샘

이놈의 궁금증은 날마다 날 괴롭힌다. 학교에서만 생각해도 될 것을 집 안에까지 끌어들이고 심지어 꿈속에 나타나서 날 못살게 한다. 어쩔 때는 밥을 먹다가도 이런저런 생각에 빠진다. 창의성의 대가 칙센트미하이 박사는 몰입을 플로우(FLOW)로 표현하였다. 그 말이 맞다. 몰입하면 흘러가는 강물을 바라보는 것처럼 무언가에 빠져든다. 난 얼마 전부터 '학생들은 왜 공부를 하는 걸까?'라는 아무렇지도 않은 내용이 궁금해졌다.

'선생님이나 부모님이 하라고 해서?'

'출세하려고?'

'그냥 공부하는 게 즐겁고 좋아서?'

학생들은 어떤 생각을 가지고 공부를 하는지 확인해 보고 싶었다.

나른한 6교시가 찾아왔고 나에게 기회가 왔다. 물론 학생들도 언제나 이런 기회를 노리고 있다. 단지 수업을 하지 않는다는 이유 하나만으로(단, 체육 시간은 항상 예외) 그렇다.

책상 위에 있는 책을 모두 덮고 아이들에게 물어보았다.

"너희들은 왜 공부를 하니?"

내 물음에 양딸기는 굉장히 당황하였다.

"한 번도 생각해 본 적이 없는데……."

아이들은 잠시 머뭇거리더니 할 말이 생각났나 보다. 그렇게 자신의 생각을 말하기 직전, 난 아이들에게 "자, 이제 아무 말도 하지 말고, 여러분이 왜 공부하는지 포스트잇에 적어 보자."고 말하며 아이들의 대답을 가로막았다. 누군가의 말이 자신의 올바른 인식을 방해할 것 같은 걱정이 들어서이다. 아이들은 자신들의 진짜 생각을 공식적인 자리에서 발표해 본 기회가 많지 않아 다른 친구의 것을 커닝하는 경우가 많다. 이런 위험은 사전에 방지하는 것이 좋다.

아이들은 무언가를 열심히 적는다. 자신의 온전한 생각을 글로 나타내는 시간이다. 그리고 자신이 왜 이 자리에서 수업을 받고 있는지를 생각해 볼 수 있는 시간이다. 중간중간에 김포도와 이레몬이 포스트잇을 더 달라고 해서 2장을 더 주었다. 갑자기 쓸 말이 많아졌나 보다.

칠판에 하나씩 붙인 글은 '일상생활에 도움이 될 수 있기 때문에', '나 잘되라고', '학생이니까', '모르는 것을 새로 알아 갈 수 있기 때문에', '남을 도울 수 있어서' 등…… 아이들의 생각은 정말 다양했다. 여러 가지 글을 몇 가지로 묶어서 정리해 보았다.

우리가 공부를 하는 목적은-
첫째, 일상생활에 도움이 되고,
둘째, 꿈을 이룰 수 있고,
셋째, 지식을 쌓아 똑똑해질 수 있으며
넷째, 나 잘되라고 공부를 하는 것으로 정리할 수 있었다.

'나 잘되라고' 공부를 한다는 것에 대해 아이들과 대화를 나누었다. "나 잘되라고 공부를 하라는 말이 무슨 말이니?"라고 물었다.

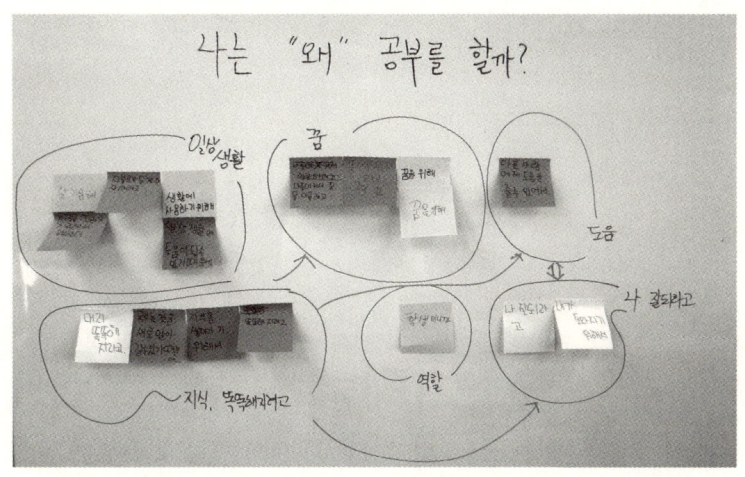

아이들은 왜 공부를 할까?
공부가 일상생활에 도움이 되고, 꿈을 이룰 수 있으며,
지식을 쌓아 똑똑해질 뿐만 아니라 내가 잘될 수 있기 때문이라고 했다.
난 너희들이 내가 잘되기 위한 공부가 아닌
우리가 잘되기 위한 공부를 하는 학생으로 자라면 좋겠다.

"엄마, 아빠가 이렇게 말해요. 다 너 잘되라고 공부하는 거야라고요."
'나 잘되라고'에서 '나'를 '우리'로 바꿔 보자고 했다. 바꿔 보니 '우리
잘되라고' 공부하는 거로 바꾸었다. 나 잘되라고 하는 공부는 결국 다
른 사람과 경쟁하게 되고 각자의 삶을 비교하게 된다. 반대로 우리 잘되
라고 하는 공부는 친구를 도와주고 협력하는 것에서 출발한다. 아이들
의 마음속에 나보다 우리가 먼저 떠오르면 좋겠다.

오싹오싹 무서운 꿈

김자두

아침에 학교에 와서 오늘 꾸었던 무서운 꿈을 이레몬과 정호박에게 이야기해 줬다. 내가 꾼 꿈은 이랬다. 귀신이 물 위에 눈만 보이게 떠 있는데 갑자기 손을 물 위로 올렸다. 그 손 위에는 물방울이 떠 있었다. 근데 그 물방울이 고양이로 변했다가 갑자기 털복숭아로 변하더니 다시 입이 찢어지고 이빨이 뾰족하게 변했다. 그리고 날 따라왔다. 난 도망치다 귀신과 살짝 닿았는데 그때 귀신이 무섭게 변했다가 다시 털복숭아로 돌아왔다.

그렇게 도망치다 꿈에서 깨었다. 꿈에서 귀신을 만나 무서웠다고 말해 주었더니 이레몬이 자기도 예전에 무서운 꿈을 꾼 적이 있다고 말하였다. 이레몬에게 들은 꿈 이야기는 무섭기도 하고 징그럽기도 했다

이번에는 정호박이 항상 똑같은 무서운 꿈을 100번 꿨다고 하였다. 하지만 난 믿지 않았다. 이레몬도 믿지 않는 것 같았다. 그래서 정호박에게 "어떤 무서운 꿈을 꾸었어?"라고 말하자. 정호박은 말을 안 해 주었다. 역시 무서운 꿈 100번 꿨다는 이야기는 거짓말인가 보다.

어렸을 때는 무서운 꿈을 많이 꾼단다.
꿈속에서 귀신에게 쫓기는 꿈,
무서운 괴물이 나타나 도망치는 꿈,
친구가 무서운 모습으로 나타나는 꿈.
이런 꿈을 꾸면서 너희들이 자라는 거겠지.
정호박에게도 무서운 꿈이 있을 거야.
아직 너희들에게 말할 준비가 안 된 건지도 몰라.
그리고 무서운 책은 이제 그만 보자.
책 속의 귀신이 오늘밤 자두네 집을 찾아갈지도 모르잖아.

누군가에게 나의 물건을 빌려준다는 건
물건만 빌려주는 게 아니라 내 마음도 잠시 빌려주는 거야.
그래서 내 마음을 그 친구가 알게 되고, 우정은 점점 깊어지겠지.
양딸기의 따뜻한 마음이 연필에도 담겨 있었네.

함께 쓰는 연필

양딸기

연필
두 자루 있어
한 자루 친구 빌려주고
남은 한 자루 나 쓰고
이렇게 나눠 쓰다
연필 길이 줄어들고
우정은 깊어지고

시끄러운 창문 고치기

김포도

국어 시간에 일어난 일이다.

친구들과 돌아가면서 책에 나온 이야기를 읽고 있었는데, '덜컹덜컹' 소리가 났다. 복도 쪽 창문을 가만히 들여다보았더니, 창문에 틈이 생겨서 '덜컹'거리고 있었다.

선생님께서 "포도야! 복도 양쪽 끝에 문 열렸나 확인하고, 열려 있으면 닫고 와라."라고 하셔서 나는 교실 밖으로 나갔다.

하지만 양쪽 복도 끝 문은 다 닫혀 있었다.

그래도 교실에 돌아와 보니 '덜컹덜컹' 소리가 나서 수업에 방해가 되는 것 같았다. 그래서 내가 선생님께 말씀드렸다.

"선생님 저기 창문에 종이를 두껍게 접어서 끼워 넣는 것은 어떨까요? 그러면 틈이 없어져서 소리가 안 나지 않을까요?"라고 말했다. 그런데…… 정호박인가? 양딸기인가? "그래서 안 되면 어쩔 건데?"라고 말했다.

선생님께서 "안 되면 안 되는 거지."라며 아무렇지도 않게 말씀하셨다.

그래서 종이 한 장을 접어서 두껍게 만든 다음 흔들리는 창문 틈에 꽂았다. 그리고 교실에 들어가 보니 소리가 나지 않았다.

또 '덜컹' 소리가 났다. 그래서 봤더니 아래쪽 창문이 '덜컹'거리고 있었다. 또 종이를 두껍게 접어서 창문 틈에 끼워 넣었더니 이제야 소리가 나지 않았다.

'덜컹덜컹' 소리가 안 나니까 처음엔 뭔가 허전하기도 했다. 덜컹 소리가 리듬 같았기 때문이다. 그래도 공부에 방해가 되지 않아서 좋다.

지금도 교실의 창문은 조용하다.

우리 학교는 태어난 지 90년도 넘었단다.
그래서 군데군데 아픈 데가 많지.
아플 때마다 여기 뚝딱 저기 뚝딱.
그렇게 고쳐 가며 사용하고 있단다.
유리창이 덜컹거리는 것도 창문 틈이 잘 맞지 않아서 그럴 거야.
그래도 김포도의 멋진 아이디어 때문에
창문도 고쳤고, 수업도 열심히 할 수 있겠구나.
고마워, 김포도.

손가락에 피 난 날

정호박

체육을 했다. 다 끝나고 손가락을 보니 피가 났다.

"아야! 선생님 손가락 다쳤어요."

그리고 선생님이 손가락을 보았다.

"왜 그러니?"

나도 왜 그런지 몰랐다.

아무래도 체육 물품 보관실에 있는 공이 든 상자를 옮길 때 그랬나
보다.

그래서 보건실을 가려고 하는데 길을 몰랐다.

자두가 알려 줬다.

보건실에 갔다. 먼저 면봉으로 약을 바르고 밴드를 붙였다.

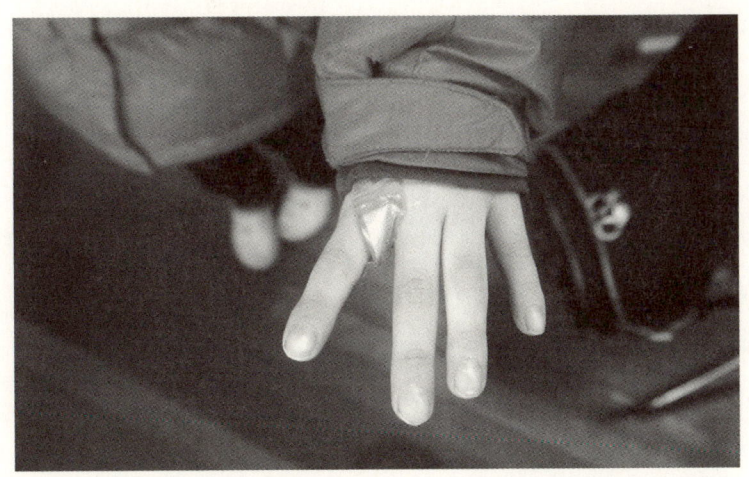

체육 시간에 우리가 함께 사용할 공 상자를 옮기다가 손가락에 피가 난 거였구나.
체육 시간을 준비하다가 손가락을 다친 호박이에게 우리 모두 박수를 보내 주자.
그리고 전학 와서 학교 이곳저곳의 위치를 잘 모르는 호박이에게
보건실로 가는 길을 친절하게 알려 준 자두도 고마워~

아쉬운 다모임 회장 투표

이레몬

다모임 선거를 했다. 다모임 회장 후보는 6학년 허언니와 김오빠였다. 난 허언니가 회장으로 뽑혔으면 했다. 하지만 우리 학교 남자애들은 김오빠를 뽑을 것 같다. 우리 반 김자두는 허언니, 김포도와 양딸기도 허언니를 뽑을 건데 정호박은 김오빠를 뽑을 것 같다. 어디서 들었는데 허언니와 김오빠는 서로 뽑아 주기로 했단다. 신기했다. 나 같으면 나를 뽑을 것 같은데. 먼저 기호 1번 허언니가 공약을 발표하고 기호 3번 김오빠가 공약을 발표했다. 기호 2번인 다른 김오빠는 중간에 기권을 했다. 난 발표할 때마다 "오~ 오~"라고 했다.

투표는 3학년부터 6학년까지 하였으며 우리 보는 앞에서 결과를 바로 발표하였다. 첫 번째 투표용지를 뽑았을 때 허언니가 나와서 기분이 좋았다. 하지만 점점 김오빠가 많이 나와서 김오빠 21표, 허언니 13표, 8표 차이로 김오빠가 회장, 허언니가 부회장이 되었다.

난 아쉬웠다. 투표가 끝나고 교실로 가는 길에 '허언니가 회장이 되었으면 좋았을 텐데.' 속으로 생각했다.

민주주의에서는 선거를 통해 대표자를 뽑게 된단다.

이레몬이 원하는 허언니가 다모임 대표로 뽑혔다면 더 좋았겠지만

모든 사람의 생각이 다 같은 수는 없는 거겠지.

이제 이레몬은 어떻게 할 거야?

다모임 회장으로 뽑힌 김오빠와 부회장이 된 허언니를 도와

멋진 학교를 만들어 보자.

철학이 있는 학교를 꿈꾸다

지샘

학부모를 대상으로 교육과정 설명회가 있는 날이다. 난 올해 교육과정 재구성 팀장을 맡았고, 학교교육과정을 설명해야 한다. 설명회 전날 교실에 남아 파워포인트를 만들고 학부모들에게 설명할 문구를 작성하였다.

교육과정 설명회는 저녁 6시 30분부터 시작했다. 가능한 한 많은 학부모들이 참여하길 바라는 학교의 배려였다. 먼저 우리 학교 훈남인 한 교사가 학교 폭력 예방 교육을 하였고 그다음은 교장선생님 인사말이 이어졌다. 이제 곧 내가 발표할 순서가 임박했다. 난 사람들 많은 곳에서 발표를 하면 아직도 심장이 두근거리고 입안이 바짝바짝 마른다.

발표 순서가 되었고 사회를 보는 L교사가 나를 소개했다. 크게 심호흡을 하고 발표를 시작하였다. 발표 내용은 이랬다.

학교는 철학이 있어야 된다고 생각했습니다.

그래야 왜 가르치고 왜 배우는지에 대한 진지한 고민을 할 수 있기 때문입니다.

우리는 배움과 삶이 함께하는 행복한 학교라는 철학을 가지고 있습니다.

그래서 배움과 삶, 행복한 학교에 대해 생각해 볼 수 있었습니다.

그리고 이제 우리 학교에서 이러한 철학에 어떤 가치를 담을지 고민하였습니다.

그러한 고민은 혼자만의 고민이 아닌 지산교육공동체가 함께하는 고민이었습니다.

그리고 학교에서 추구하는 교육에 담을 가치를 정하였습니다.

그것은 공동체와 나눔이었습니다. 이러한 가치가 이 시대를 살아가는 우리들에게 필요한 시대정신이라 생각했습니다.

더불어 함께 살아가는 그리고 함께 나눌 수 있는 지혜를 학생들이 배우면 좋겠다고 생각했습니다.

공동체에 담긴 마음, 나눔에 담긴 마음을 논의하였습니다.

공동체는 관계 맺기를 통해 서로 소통하고 협력하려는 마음을 담았습니다.

그리고 이러한 마음을 실천하기 위해 작은 꿈틀거림을 시작하려고 합니다.

꿈틀 하나, 지산공동체 마음 나누기-열 손가락 공동체 정하기, 공동체송 부르기, 깃발 만들기

꿈틀 둘, 땀으로 하나 되기-경쟁이 아닌 화합의 장

꿈틀 셋, 지산가족 소풍-손에 손 잡고 온 가족 소풍 가는 날

꿈틀 넷, 잔디밭 나들이-열 손가락 친구들과 야외에서 점심 먹기

꿈틀 다섯, 모둠이 함께 일구는 텃밭-열 손가락 친구들이 서로 도와 가며 텃밭 가꾸기

이렇게 1학기의 활동을 마무리할 예정입니다.

2학기에는 나눔의 가치를 실천하고자 합니다.

학교가 철학이 있고 빛깔이 있어야 한다는 생각은
우리들만의 생각이 아니었나 보다.
모두가 꿈꾸는 학교였다는 생각이 들었다.
오늘따라 밤하늘에 빛나는 별이 아름다웠고 교사인 내가 자랑스러웠다.

나눔은 공감과 배려를 바탕으로 봉사를 실천하는 것으로 정의하였습니다.
나눔에 담긴 마음을 실천하기 위해 몇 가지 꿈틀거림을 준비하였습니다.

• 꿈틀 하나, 나눔 캠페인
−나눔 슬로건 만들기, 나눔송 부르기
• 꿈틀 둘, 지산 행복 나누기
−동아리 공연, 학급 장기 공연, 교사/학부모 공연
• 꿈틀 셋, 더불어 행복 나누기
−양로원 방문(동아리 공연, 학급 공연, 다과 및 안마)
• 꿈틀 넷, 사랑의 열매
−알뜰 장터, 학부모 장터를 끝으로 일 년 동안의 교육 활동을 모두 마치
 게 됩니다.

철학이 있는 학교는 뿌리가 튼튼합니다.
그래서 세찬 비바람이 불어 잠시 흔들리다가도
다시 제자리를 잡을 수 있습니다.
철학이 담긴 행복한 학교를 꿈꿔 봅니다. 감사합니다.

이렇게 발표를 마치고 교실로 돌아왔다. 그리고 우리 반 학부모들과
만남의 자리가 이루어졌다. 딸기 엄마는 선생님의 발표를 들으면서 혁
신학교 3년 동안의 고생이 이제 결실을 맺는 것 같다며 흐뭇해하셨고,
포도 엄마는 다른 학교에서 6학년에 다니는 아들을 이 학교로 전학시
키고 싶다고 하셨다.

민방위 훈련에서 논 일

정호박

6교시에 민방위 훈련을 했다. 일단 교실에서 나가기 위해 허리를 굽히고 손수건으로 입을 막았다. 나는 목에 두른 목도리를 손수건 대신 사용했다. 그렇게 소나무 숲에 있는 휴식 터로 갔다. 몇 분 후 애들이 "심심해요, 심심해요."를 외쳤다. 선생님이 먼저 '제로 게임'을 하자 그랬다. '제로 게임'은 모두 손을 앞으로 내밀고 하나 둘 셋 하면 엄지를 들거나 들지 않는다. 이때 엄지를 올린 개수를 맞히는 게임이다. 난 처음 시작하자마자 한 번에 숫자를 맞혔다. 하지만 손등을 때리지는 않았다. 왜냐하면 나는 우리들이 평화롭길 바랐다. 그리고 다음번에 한 번 더 숫자를 맞혔다. 그때도 때리지 않았다. 이유는 똑같다.

평화를 사랑하는 정호박이 위대하게 느껴진다.
작은 놀이에서도 친구들에게 폭력을 사용하지 않겠다는
정호박의 마음이 어디서 출발했는지는 알 수 없지만,
정호박의 따뜻한 마음이 주변에도 널리 퍼졌으면 좋겠다.

혼자가 아닌 나

선생님께서 '혼자가 아닌 나'를 틀어 주었다.
가사는 이렇다.

이젠 다시 울지 않겠어. 더는 슬퍼하지 않아.
다신 외로움에 슬픔에 난 흔들리지 않겠어.
더는 약해지지 않을게. 많이 아파도 웃을 거야.
그런 내가 슬퍼 보여도 날 위로하지 마.
가끔 나 욕심이 많아서 울어야 했는지 몰라.
행복은 늘 멀리 있을 때 커 보이는걸.
힘이 들 땐 하늘을 봐.
나는 항상 혼자가 아니야.
비가 와도 모진 바람 불어도, 다시 햇살은 비추니까.
눈물 나게 아픈 날엔 크게 한 번만 소리를 질러 봐.
내게 오려던 연약한 슬픔이 또 달아날 수 있게.

여기까지가 1절이다. 아무튼 1, 2절을 다 외웠다. 그래서 기분이 좋다.

쉬는 시간마다 열심히 불러 대더니 드디어 다 외웠구나.
노랫말처럼 다섯 손가락 친구들이 외로움에 슬픔에 흔들리지 않았으면 좋겠다.
비가 와도 모진 바람이 불어도 다시 햇살은 비출 테니까.
우리 모두 서로에게 햇살이 되어 주자. 친구가 외롭거나 슬퍼하지 않게.

지우개 똥

이레몬

내가 모은 지우개 가루 뭉친 것을 손으로 밀어서 길게 만들었다. 길게 늘인 지우개 똥을 포도에게 보여 주었더니 얼굴을 살짝 찡그리며 "징그러워, 저리 치워!"라고 말했다. 난 장난삼아 포도에게 자꾸 보여 주었다. 자꾸 보여 주니까 포도가 "레몬이는 물렀거라."라고 했다.

옆에 있던 자두에게 보여 주니까 "우와!"라고 말했다. 옆 반을 지나가는데 김오빠가 지우개 똥을 보더니 "이게 뭐야?"라고 물어보았다. 난 "지우개 똥이야."라고 말했다. 김오빠는 지우개 똥이라는 말을 듣고 눈이 휘둥그레지면서 놀랐다.

난 우리 반으로 들어와 손으로 더 길게 만들고 선생님께 보여드렸더니 선생님께서도 포도처럼 인상을 쓰시면서 "뭐야, 버려!"라고 하셨다. 난 '그동안 열심히 모았는데 버리면 열심히 모은 것이 헛것으로 되니까 버리지 말자'라고 생각했다.

지우개 똥이 얼마나 긴지 재어 보고 싶었다. 우리 반에 있는 1미터 자로 길이를 재어 보았다. 길이를 재어 보니 1미터가 넘었다. 호박이에게도 보여 주었는데 보자마자 손으로 끊으려고 했다. 난 하지 말라고 했는데 호박이는 그래도 "자르자, 자르자." 하면서 쫓아왔다. 근데 호박이가 자르기도 전에 도망가다가 "뚝" 끊어졌다. 난 끊어진 걸 다시 연결했다. 근데 이번엔 다른 데가 끊어졌다. 난 또 연결했다. 이번엔 안 끊어졌다. 지우개 똥을 사물함에 넣으려니 너무 길어서 안 들어갔다. 그래서 동그랗게 말았더니 엄청 징그러웠다. 벌레들이 뭉쳐 있는 것 같았다. 그래도 버린 순 없어서 난 지우개 똥을 얼른 뭉쳐 사물함에 넣고 얼른 자리에 앉았다.

책상 위에 항상 지우개 가루가 뭉쳐 있더니,
그걸로 지우개 똥을 1미터도 넘게 만들었구나
처음엔 징그러웠지만 나중에는 봐줄 만했단다.
지우개 똥은 아무짝에도 쓸모없을 줄 알았더니
이레몬에게는 차마 버릴 수 없는 물건이었네.
이 세상에 쓸모없는 건 아무것도 없나 보다.

열 손가락 친구들과 마음 나누기

지샘

철학이 있는 학교는 꿈틀거림이 있다. 오늘은 공동체를 위한 첫 번째 꿈틀이 시작된다. 바로 지산공동체 마음 나누기다.

학급이 횡적으로 이루어진 친구들이라면 열 손가락은 종적으로 이루어진 선후배 친구들이다.

1학년부터 6학년까지 한 반을 이루어 보니 대략 10명 정도 된다. 그래서 우리는 그들에게 열 손가락이라는 이름을 주었다.

우리 반 다섯 손가락 친구들은 열 손가락 각각의 조로 뿔뿔이 흩어졌다. 여학생들은 걱정이 안 되는데 이제 막 전학 온 정호박은 내심 걱정이 되었다. 하지만 애들은 애들이다. 조금만 지나면 십년지기 친구들처럼 깔깔대며 장난을 친다.

난 오늘 꿈틀 활동의 진행을 맡았고, 열 손가락 친구들에게 이렇게 말했다.

"열 손가락 중에 한 손가락만 아파도 다 아픈 것처럼, 우리 열 손가락 친구들이 서로 아껴 주고 존중해 주면 좋겠다. 그럴 수 있지?"

"네, 그럴게요!"

아이들이 힘차게 외쳐 댔다.

활동 1-신문지 위에서 버티기

열 손가락 친구들이 신문지 8장 위에서 떨어지지 않고 버티는 활동이다. 그리고 시간이 지나면 신문지를 한 장씩 뺀다. 2장만 남은 신문지에서도 열 손가락 8조 모두가 끝까지 신문지에서 벗어나지 않고 버티고 있었다. 이 시간만큼 그들은 모두 하나였다.

활동 2-공동체 노래 부르기(혼자가 아닌 나)

그동안 교실에서 열심히 연습했던 공동체 노래를 함께 연습하고 부르는 시간이었다. 교실에서 불렀을 때와는 다른 감동을 느낄 수 있었다. 특히 노래 부르기를 지도하는 K선생님은 가수 뺨치는 노래 실력을 지니고 있었다. 함께 듣고 있던 대학생 멘토링 선생님은 '음악 하는 걸 포기해야 하나'라는 생각도 잠깐 해 보았단다. 그래서 그러지 말라고 했다.

활동 3-열 손가락 깃발 만들기

열 손가락 친구들이 각 조의 이름을 정하기로 했다. 친구들이 정한 이름은 에이스, 불사조, 독수리 10형제, 오뚝이, 지산탐험대, 우리는 하나, 콩깍지, 지산 십이손.

이름도 가지각색이었다. 에이스는 최고가 되기 위해서, 오뚝이는 실패해도 다시 일어나면 된다고 해서 지은 이름이란다. 열 손가락 친구들은 깃발에 여러 가지 색을 칠하여 자기 조의 이름을 예쁘게 꾸며 나갔다. 1학년부터 6학년 친구들이 모두 함께 만든 깃발이라고는 믿기지 않을 정도로 멋지고 아름다웠다.

열 손가락 친구들이 지은 이름 중 하나이다.
사랑을 하면 눈에 콩깍지가 씐다고 한다.
열 손가락 친구들의 마음속에 벌써 사랑이 싹텄나 보다.

열 손가락 친구들은 4시간에 걸친 활동 내내 서로를 배려하고 보듬어 주었다. 특히 각 조의 조장을 맡은 6학년 학생들은(우리 학교는 6학년이 8명뿐이어서 모두 조장이다) 그동안 보여 주지 못했던 리더십을 발휘하여 후배들을 챙겨 주고 활동을 이끌어 갔다.

이러한 힘은 어디서 생기는 걸까?

아이들이 주인공이 되어 스스로 성장하는 모습을 지켜보자. 아이들은 의외로 강하며 멋지게 해낼 수 있다.

미완성 실로폰

양딸기

5, 6교시 공예 시간은 재밌었다.

왜냐하면 나무로 실로폰을 만들었기 때문이다.

실로폰 꾸미기를 하는데 시간이 부족해서 나는 '도, 레, 미'밖에 못 만들었다.

양딸기가 나무실로폰에 색칠한 도, 레, 미는 정말 아름답구나.
예쁘게 색칠하느라 시간이 부족했나 보다.
그리고 나무실로폰으로 음악을 연주할 때 정말 신기했단다.
나무를 두드리는 것뿐인데 어떻게 그런 고운 음이 나올 수 있을까?
나중에 시간 나면 '파, 솔, 라, 시, 도'를 나무판에 꾸며 주렴.
'파, 솔, 라, 시, 도'가 서운하지 않게.

선생님이 보기에도 우리 반 여학생들은 겁이 없는 것 같아.
철봉에 거꾸로 매달려 키득거리며 웃기도 하고
무서운 귀신 이야기를 아무렇지도 않게 하는 걸 보면 말이야.
선생님과 호박이는 복이 많은가 보다.
우리 반 여학생들이 나와 호박이를 지켜 줄 테니까. 하하.

그물 타기

정호박

완주 청정수련원에 가서 그물 타기를 했다. 일단 주의사항을 말해 주셨다.

첫째, 뛰지 않는다.

둘째, 장난치지 않는다… 등.

여자들이 먼저 출발하였다.

여자애들이 그물에서 거의 다 내려올 때쯤 다음 차례인 애들이 올라갔다.

거기에서 우리 반 여학생들이 빛의 속도로 가는 걸 보았다.

그리고 난 느꼈다.

우리 반 여자애들은 겁이 없구나.

난 맨 마지막에 그물을 타러 갔다.

역시나 무섭진 않았지만 안전을 위해 천천히 올라갔다.

물질의 온도는 시간이 지남에 따라 어떻게 될까?

김포도

1교시는 과학 시간이었다.

오늘은 '물질의 온도는 시간이 지남에 따라 어떻게 될까?'를 배웠다.

먼저 선생님께서 칠판에 오늘 배울 내용을 적으셨다.

그리고 선생님이 실험 준비물을 가지고 오셨다.

실험 준비물은 알코올 온도계 두 개, 스탠드, 초시계, 차가운 물, 뜨거운 물, 500mL 비커 두 개, 면장갑이었다. 먼저 두 개의 비커에 차가운 물과 뜨거운 물을 각각 400mL씩 담고 스탠드에 온도계를 걸었다. 그리고 그 온도계를 비커에 담갔다. 처음 온도를 재고, 다음부터는 2분마다 재기로 하였다.

나와 호박이가 초시계로 시간을 쟀다. 선생님께서 "준비 시작!"이라고 말씀하시자 초시계 버튼을 눌렀다. 2분, 4분, 6분, 8분, 10분 할 때마다 자두와 호박이가 "5, 4, 3, 2, 1!"이라고 해서 웃겼다.

실험 결과를 표로 나타냈다. 실험 결과는 다음과 같았다.

차가운 물과 뜨거운 물의 온도 변화

	처음	2분	4분	6분	8분	10분
차가운 물	12℃	11.5℃	11.5℃	12℃	12℃	12℃
뜨거운 물	52℃	51℃	49℃	48℃	46℃	45℃

이래서 차가운 물은 거의 변화가 없고, 뜨거운 물은 온도가 점점 낮아졌다는 결론이 나왔다. 한 가지 실험을 더 하였다. 하나의 비커에는 물 200mL를 넣고, 다른 하나에는 400mL를 넣었다. 이번에는 1분마다 쟀다.

부피에 따른 온도 변화

	처음	1분	2분	3분	4분	5분
따뜻한 물 200mL	52℃	51℃	49℃	47℃	46℃	45℃
따뜻한 물 400mL	52℃	52℃	52℃	51℃	50.5℃	50℃

따뜻한 물 200mL: 7℃ 낮아짐   따뜻한 물 400mL: 2℃ 낮아짐
결론은 '부피가 클수록 물의 온도 변화가 더 적다'는 것이다.

많은 양의 물을 담고 있는 바다는 그만큼 온도 변화가 적단다.
선생님 생각엔 큰마음을 가진 사람은 쉽게 마음이 변하지 않는 것 같아.
우리 모두 호흡을 크게 한 후
'난 큰마음을 가지고 있어'라고 스스로에게 속삭여 보자.
그럼 다섯 손가락 친구들의 마음이 모두 평안해질 거야.

슬픔을 간직한

4월

상처

걸으로 드러난 상처는
시간이 지나면 아물겠지만
마음속에 새겨진 상처는 쉽게 아물지 않는다.
세월호에서 희생된 언니, 오빠들을 위해
노란 리본에 정성껏 손편지를 써 보자.

숨바꼭질

지샘

아무도 없는 이른 아침, 교실 문 앞에 도착했다.

이상하게 자물쇠가 잠겨 있지 않았다.

교실 문을 열고 들어갔더니 교실은 캄캄하고 아무도 없었다.

난 속으로 '내가 혹시 어제 문을 안 잠그고 갔나?'라고 생각했다.

나이가 들면서 건망증이 심해지더니 요즘은 방금 전에 한 일도 생각나지 않을 때가 있다.

그런데 교실 한쪽에서 뭔가 꿈틀거리는 것이 있었다.

자세히 보니 TV 뒤편에 이레몬이 숨어 있었다.

"거기서 뭐 하는 거니?"라고 물어봤더니

선생님을 놀래켜 주려고 숨어 있단다.

귀여운 녀석. 아침에 올 때부터 선생님 생각을 했나 보다.

꼭꼭 숨어 있는 이레몬을 보고 깜짝 놀랐단다.
캄캄한 곳에서 혼자 웅크리고 있을 때 무섭지 않았니?
아침부터 이레몬이 선생님을 생각했다는 것 하나만으로 가슴이 찡하더구나.

청소

정호박

교실 청소를 했다.

왜냐하면 교실 청소를 일주일? 이 주일? 아무튼 그 정도로 안 했다.

그래서 교실을 빗자루로 쓰는데 빗자루에서 쓰레기가 더 많이 나왔다.

빗자루가 옛날 빗자루여서 털이 많이 빠진다.

교실을 빗자루로 쓴 후에 바닥에 모인 쓰레기를 쓰레기통에 버렸다.

그럼 그동안 교실 청소는 누가 했을까?
아무도 모르는 사이 우렁 각시가 우리 반에 들러서 몰래 해 주고 갔나 보다.
앞으로 정호박이 우리 반 청소 담당이니 깨끗한 교실 부탁할게.

조리퐁

지샘

다섯 손가락 친구들과 점심을 먹고 학교 앞 산책을 했다. 벚꽃이 눈꽃처럼 송이송이 맺혀 있었다. 바람이 불면 벚꽃이 한들한들 떨어졌는데 아이들은 그걸 손으로 잡으려고 이리 폴짝 저리 폴짝거렸다. 그러면서 부른 노래가 'Let it go'를 개사한 조리퐁이었다.

"조리퐁, 조리포오옹"을 외쳐 댔다. 아이들의 노랫소리에 눈꽃처럼 보였던 벚꽃이 신기하게도 조리퐁으로 바뀌었다. 그리고 여기저기에서 조리퐁이 마구마구 떨어지고 있었다.

다섯 손가락 친구들 마음속에는 먹을 것이 가득 차 있나 보다.
벚꽃마저 조리퐁으로 보이니 말이다.

다 같이 산책한 날

이레몬

점심을 먹고 선생님, 포도, 자두, 딸기, 호박이와 함께 운동장 산책을 갔다. 근데 운동장에 가던 중에 오이가 "자두 이모!" 하면서 뛰어왔다. 오이는 자두의 조카이다. 자두는 도망갔고 포도는 자두를 따라갔다. 난 따라가다가 멈췄다.

근데 내가 서 있는 근처를 살펴보니 자두와 포도가 무궁화나무 뒤에 숨어 있었다.

자두는 속삭이듯이 "오이 갔어?"라고 물어보았다. 난 "갔어."라고 말해 주었다.

포도, 자두, 호박이가 여기서 더 놀다 가자고 했다. 선생님께서는 "산책 끝나면 청소하고 양치질도 해야지."라고 하셨다. 우리들은 "힝." 하고 다시 "놀면 안 돼요?"라고 물어보았다. 역시나 같은 대답이었다.

우린 산책로를 따라 다시 걸음을 걸었다.

선생님께서는 산책을 가다가 벚꽃나무에 서서 벚꽃을 보고 계셨다. 우리들은 속으로 '자유다!'를 외치며 사방으로 돌아다녔다. 자두는 펄쩍펄쩍 뛰어다니고 딸기는 자두를 잡으러 가는 것 같고, 포도는 날아다니고 있었다. 그 와중에 호박이는 무언가를 찾더니 "개미집이다."라고 말했다. 난 그 소리를 듣고 "개미집 어디 있어?"라고 물어보았다. 호박이는 "어디 있더라?" 하면서 중얼거리더니 찾아 주었다. 개미집인 것 같은데 개미는 내 눈에 한 마리도 보이지 않았다.

　난 벚꽃을 보고 계신 선생님께 "여기 개미집 있어요."라고 말했다.

　선생님은 "어디 있어?"라며 고개를 돌리셨고, 난 선생님께 개미집을 보여 드렸다.

　선생님은 한참 동안 개미집을 보고 계셨다. 근데 선생님 발 옆에 꽃이 있었는데 그 꽃에 벌이 날아다녔다. 난 "선생님, 발밑에 벌이 있어요."라고 했더니 선생님께서 "무섭다, 얼른 가자."라고 하셨다.

이제 4월의 첫날인데 벚꽃이 피었구나.
벚꽃을 보면서 선생님은 봄이 우리에게 했던 약속을 생각해 보았단다.
때가 되면 꽃이 피고, 벌과 나비가 날아다니고,
이런 게 선생님은 정말 신기하단다.
이런 모든 일들이 어떻게 가능한 걸까?
누가 마법을 부리는 건 아닐까?
너희들의 마음속에도 꽃이 피고 나비가 날아다니면 좋겠다.

오늘은 내가 주인공

양딸기

생일 파티를 했다.

이번 달은 원래 호박이만 생일인데, 3월 달에 내 생일 파티를 못 해서 나도 4월 달에 같이 했다. 자두는 나에게 사탕, 지우개, 샤프심, 수첩, 토핑, 스티커 등을 주었다. 포도는 샤프심, 볼펜, 머리끈을 주었다. 선생님께서는 필통을 주셨다. 그리고 레몬이는 망핀, 땅콩그래 과자 1봉지, 큐브, 파스텔 등을 주었다. 나는 선물을 받아서 기분이 좋았다.

아 참! 그리고 보니 빅파이도 먹었다. 그리고 나는 정호박에게 500원짜리 돼지저금통 하나를 주었다. 3, 4교시가 끝나고 밥을 먹으러 가는데 미역국이 나왔다. 미역국에 밥을 말아 먹으려고 하는데 다모임장이 급식실 뒤로 나오란다. 가서 서 있는데 밥을 먹고 있는 학생들이 생일 축하 노래를 불러 주었다. 오늘은 내가 주인공이 된 것 같았다.

양딸기와 정호박의 생일을 축하합니다.
오늘 교실에서 생일 파티도 하고, 친구들이 선물도 주고,
급식실에서는 미역국에 생일 축하 노래까지!
오늘만큼은 양딸기와 정호박이 주인공이 되는 하루였구나.
다섯 손가락 친구들이 날마다 주인공이 되는 학교가 되었으면 좋겠다.

만우절

김포도

만우절이다. 우리 반은 이날 생일 파티를 했다.

주인공은 호박이와 딸기다. 난 호박이에게 조금 거짓말을 했다.

호박이에게 선물을 주면서 여자 꺼라고 했다.

그리고 선생님이 빅파이 5개를 쌓고 촛불을 켰다. 그런데 딸기가 빨리 모자를 쓰지 않고 있어서 촛불이 다 녹아 버렸다. 레몬이와 나는 빨리 끄라고 재촉했다. 함께 노래 부르고 선물을 전달했다.

난 호박이에게만 선물을 줬다. 딸기는 저번에 진짜 생일날 내가 줬기 때문이다.

딸기가 방과후교실을 안 간다고 해서 "왜 안 가?"라고 하자,

딸기는 "거짓말이야, 거짓말!"이라고 했다.

난 딸기의 속임수에 넘어간 것이다.

오늘은 만우절이어서 자두, 호박, 레몬, 딸기에게 거짓말을 해 봤다.

참 재미있었다.

하지만 거짓말을 많이 하면 마음이 안 좋다.

왜냐하면 남을 속이는 것은 나쁜 일이기 때문이다.

그래도 아주 사소한 거짓말쯤은 이 세상 사람들 모두 다 해 봤겠지?

이 세상 사람 모두 거짓말 한 번쯤은 다 해봤을걸.

거짓말로 남들을 속이는 게 재밌기도 하잖아.

그런데 사소한 거짓말이 자꾸 쌓이다 보면 어떻게 될까?

나중에는 눈덩이처럼 거짓말이 커져 버려 자신을 망가뜨릴 수도 있단다.

그래서 거짓말은 안 하는 게 좋다. 그게 아무리 사소한 거짓말이라도……

텃밭 쪼꼬미

김자두

텃밭에 갔다. 어디에 있는 텃밭? 학교에 있는 텃밭.

오늘은 매주 수요일에 시작하는 텃밭 수업 첫날이다.

난 개인적으로 텃밭 일엔 자신이 있었다. 하지만 힘이 들었다.

근데 옆에서 유오빠가 뭉그적거리며 텃밭 일을 안 하는 것 같아서 오빠에게 잔소리를 해댔다. 잔소리를 하면서도 유오빠 쪽과 내 쪽의 텃밭을 동시에 갈아 주고 있었다.

너무 열심히 했는지 에너지가 바닥이 났다. 한참 그러고 있는데 흙 사이로 조그만 물체가 보였다. 그것은 땅강아지였다. 땅강아지 이름을 마음속으로 지어 보았다. 쪼꼬미라고……

텃밭 수업이 끝나고 음악 수업을 하러 갔다. 지금쯤 쪼꼬미는 뭘 하고 있을까?

땅강아지에게 마음을 주고 이름까지 지어 주었구나.
쪼꼬미는 지금쯤 텃밭 속에서 친구들과 즐겁게 놀고 있겠지.
이제부터 김자두와 쪼꼬미도 친구가 되었구나. 텃밭 친구!!!

제목에 동그라미를 넣을까, 넣지 말까로 다투는 너희들을 보면서
선생님이 잠깐 화가 났나 보다. 그래도 계속 화내지 않아서 천만다행이다.
계속 화냈으면 선생님도 하루 종일 기분이 안 좋았을 거고,
너희들도 열기구를 하늘로 띄워 보내지 못해 기분이 안 좋았을 테니까.
'기분 좋은 날'은 화를 내지 않는 것에서 출발하나 보다.

날아라! 간이 열기구

이자두

과학 수업 시간에 과학 책을 펼쳤는데 바로바로 간이 열기구 만들기였다. 그래서 설레기도 하고 기대가 되었다. 드디어 간이 열기구 만들기를 시작하였다. 그런데 제목 문제로 다툼이 일어났다.

김포도는 "제목을 동그라미로 감싸자!"고 하였고, 양딸기는 그냥 하자고 하였다.

김포도와 양딸기는 나, 이레몬, 정호박한테 뭐로 할 거냐고 물어보았다. 우리에게도 불똥이 튄 것이다. 우린 결정을 하지 못했다. 계속 결정을 못 하고 있자 선생님이 "그럼 하지 말자."라고 하셨다. 우린 좌절했다.

하지만 좌절은 오래가지 않았다. 선생님께서 각자의 역할을 정해서 열기구를 꾸미자는 말에 난 한시름 놓았다. 그리고 우린 간이 열기구를 꾸미고 운동장으로 나가서 하늘로 날려 보았다.

간이 열기구를 날리니 기분이 좋아졌다.

줄넘기

양딸기

쉬는 시간에 줄넘기를 했다.

110개를 했는데 힘들었다.

그래도 줄넘기는 재미있었다.

또 처음에는 100개로 시작했는데 이제는 110개를 하고 있다.

일주일에 열 개씩 늘려 나가야지.

건강해지기 위해 너희들 스스로 시작한 줄넘기.
쉬는 시간에 놀고 싶겠지만 함께 줄넘기하는 모습이 아름답구나.
누군가 시켜서 시작하는 것과 스스로 약속을 정해 실천하는 것에는
어떤 차이가 있을까?
자발적으로 실천하는 힘.
그 약속을 지켜 가면서 성장해 나가는 너희들을 지켜볼게.

젊음

지샘

"예전에 젊었을 때는 수업 준비도 열심히 하고 아이들과 활동도 열심히 했는데."

"나도 그때로 돌아갔으면 좋겠네. 그때는 정말 열정을 가지고 이리저리 뛰어다녔는데."

"젊었을 때는 나도 다 그렇게 했어. 이런 건 젊은 사람들이 하는 거야."라며 누군가 속삭였다.

젊음은 나이와 비례한다는 생각을 해 본 적이 없다.
삶에 대한 열정이 있고
아이와 같은 마음이 있으며
눈빛이 살아 있는 사람은 나이와 상관없이 젊은 사람이다.

노란 리본

김포도

아침에 선생님께서 노란 리본을 들고 오셨다.

선생님께서는 세월호가 침몰한 지 일주년이 되었다면서

학교 정자에 띠를 둘러 우리가 쓴 리본을 달아 놓는다고 하셨다.

그리고 선생님께서 영상을 보여 주셨다.

우리 반 친구들과 다 함께 영상을 보았다.

영상을 다 보자 선생님께서 리본을 하나씩 나누어 주셨다.

그리고 선생님이 유성매직으로 쓰라고 하셨다.

나는 "음, 무슨 색으로 쓸까?" 하고 고민을 많이 했다.

나도 왜 이런 고민을 하는지 모르겠다.

친구들이 다 쓰자 선생님께서 "밖으로 나가자!"라고 하셨다.

그리고 밖으로 나갔다.

밖에서는 어떤 선생님이 열 손가락 조로 줄을 세우셨다.

먼저 온 친구들부터 리본을 달았다.

리본을 달고 보니 여러 가지 내용이 적혀 있었다.

아직도 차가운 바닷속에 갇혀 있는 단원고 언니, 오빠들이

하늘나라 가서 잘 지냈으면 좋겠다.

아직 가족의 품으로 돌아오지 못한 사람들도 빨리 돌아왔으면 좋겠다.

리본에 적힌 말처럼 오늘 밤 별이 유난히 반짝이면
세월호에서 하늘나라로 떠난 언니, 오빠들이라 생각하자.

반티 온 날

정호박

드디어 기다리고 기다리던 반티가 왔다.

하늘색이고 뒤에는 날개가 있고

앞쪽에는 '배움과 삶이 함께하는 행복한 학교'라고 쓰여 있었다.

우리 사이즈는 모두 17이었고, 선생님은 L 사이즈였다.

그런데 애들이 입어 보니 너무 작다고 하였다.

선생님은 이미 시켰으니 바꿀 수 없다고 했다.

하지만 난 괜찮았다.

키가 작아서 좋은 날도 있다.

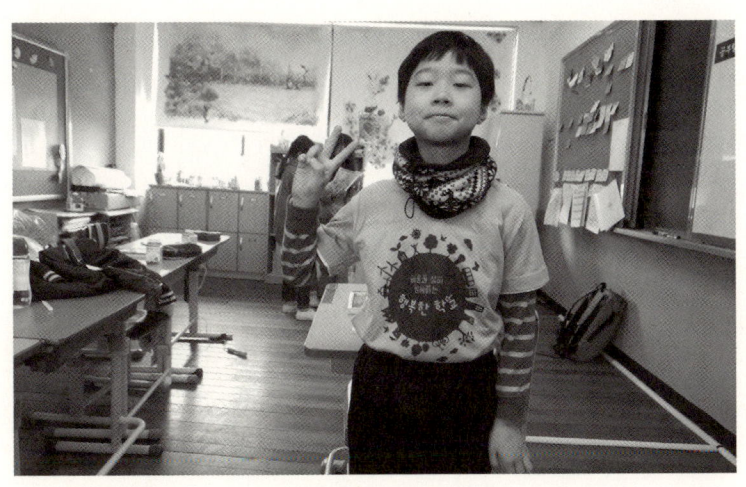

반티에 쓰인 글처럼 '행복한 학교'가 되었으면 좋겠다.
행복한 학교의 출발은 서로를 사랑하는 마음이라 생각한다.
친구를 아껴 주는 마음.
친구에게 내 걸 나눠 주는 마음.
친구가 아플 때 함께 아파해 주고, 슬플 때 함께 슬퍼해 주는 마음.
친구가 운동장에 넘어져 있을 때 그냥 지나치지 않고
"괜찮아?"라며 일으켜 주는 마음.
이런 마음이 모이면 행복한 학교가 되지 않을까?

우리 동네 운동회

이레몬

'학교로 찾아가는 우리 동네 운동회'는 정말 재미있었지만 난 운동회 끝나고 급식실 옆에서 하는 스포츠 게임이 더 재미있었다. 스포츠 게임은 공을 차서 동그라미에 넣기와 테이블 축구 두 가지였다. 난 먼저 테이블 축구를 하러 갔다. 테이블 축구는 사람 모형을 손으로 움직이면서 골을 넣는 거다. 재미있을 것 같았다. 경기 시간은 3분이었다.

그렇게 경기가 시작되고 경기에 참여한 사람은 나와 동생들 두 명, 그리고 어떤 아저씨였다. 나와 같은 팀에 지민이가 있었다. 그렇게 하다가 우리가 졌다. 지긴 했지만 재미있었다.

운동회가 완전히 끝나고 교실로 들어갈 때 이 생각을 했다.

'다음에도 또 했으면 좋겠다'는 생각.

다음에 또 했으면 좋겠다는 이레몬의 마지막 문장이 마음에 와 닿는구나.
날마다 운동회 같은 날만 있으면 얼마나 좋을까?
날마다 오고 싶은 행복한 학교를 함께 만들어 보자.

인바디 검사

김자두

오늘은 좀 특별한 운동회를 했다. 바로 학교로 찾아가는 우리 동네 운동회였다.

운동회가 끝나고 점심을 먹은 사람은 여러 가지 게임이 있으니 하러 오라고 했다.

제일 먼저 버스 안에는 인바디 검사가 준비되어 있었다.

먼저 다른 게임을 하고 인바디 검사를 했는데 키가 1cm 더 크고 몸무게는 2kg 빠졌다. 몸무게가 빠진 건 안 좋았지만 키가 큰 건 좋았다.

그리고 무슨 종이를 나누어 주었는데 그 종이에는 검사한 결과가 쓰여 있었다.

의사 선생님께서 그걸 딱 보더니 "고기를 많이 먹어라."라고 말씀해 주셨다.

고기를 많이 먹으라고 하니 기분이 좋았다. 그래서 4시 30분에 스쿨버스를 타고 집에 가서 엄마에게 "학교에서 의사 선생님이 고기를 많이 먹으라 했어."라고 말했다. 그랬더니 엄마는 "오늘은 언니와 국수를 먹으러 가자고 약속했단다."라며 안 된다고 하셨다.

난 조금 슬펐지만 그래도 국수라도 먹으러 가서 조금 슬펐던 기분이 싹 날아갔다.

키가 1cm 자란 걸 축하한다.
선생님은 이제 아무리 잘 먹고 운동을 열심히 해도 키가 크지 않더구나.
이제 성장판이 닫혔나 보다.
김자두는 이제 5학년이니까 잘 먹고 운동 열심히 하면
쑥쑥 자랄 수 있을 거야. 김자두가 쑥쑥 자랄 수 있도록
학교에서 운동도 열심히 하고, 점심도 맛있게 먹자꾸나.

자장면

양딸기

점심시간에 급식실을 갔더니 맛있는 것들이 많이 나왔다.

자장면, 현미밥, 쑥갓나물에 닭 강정, 수박이 나왔다. 모두 맛있어 보였다.

다 먹어 보았다. 모두 맛있었다.

다음에도 맛있는 게 나오면 좋겠다.

양딸기처럼 선생도 맛있는 음식을 기대하며 급식실에 간단다.
오늘은 어떤 음식이 나올까?
양딸기와 우리 반 친구들이 모두 좋아하는 음식이 나오면 좋겠다.

수업 속에 흐르는 인문학

지샘

우리 학교에는 철학이 있다. '배움과 삶이 함께하는 행복한 학교'가 우리 학교의 철학이다. 배움과 삶이 함께한다는 것은 어떤 의미를 가질까? 그것은 수업 시간에 배우는 것 자체가 그들의 삶과 연결되어야 하고, 의미 있어야 한다는 것을 뜻한다.

설탕물의 진하기를 달리하여 무지개 탑을 만드는 이번 수업은 힘이 있는 자가 탑을 지지해야 한다는 신념과 연결 지어 수업을 계획하였다. 그러한 교사의 믿음은 학생들에게 전달될 수 있다. 교사의 신념과 믿음은 교사 본인의 성장으로 끝나는 게 아니라 교사와 함께 생활하는 학생들에게 전이된다.

얼마 전 우리 학교는 '학교로 찾아오는 우리 동네 운동회'를 개최했다. 운동회의 여러 가지 놀이 중에 대망의 하이라이트를 장식했던 것은 '파란 천에서 파도타기'라는 놀이였다. 고학년 학생들과 선생님들이 천이 바닥으로 떨어지지 않게 꽉 잡아 주고, 1학년과 유치원 학생들이 천으로 만들어진 파도를 넘어가는 놀이였다.

어린 학생들이 바닥에 떨어지지 않고 버틸 수 있는 힘은 어디서 나온 것일까?

바로 고학년 학생들이 어린 동생들을 배려하고 존중하는 마음. 그들이 다치지 않게 아껴 주는 마음. 서로 협력하여 천을 놓지 않으려는 마음에서 우러난 힘이다.

천을 놓지 않으려는 마음. 동생들을 아끼고 배려해 주려는 마음을 이번 수업에 담고 싶었다. 그래서 과학이라는 학문 자체가 단순히 지식을 알고 이해하는 데 그치는 것이 아니라 우리가 앞으로 살아가야 하는 삶을 되새김질하는 역할을 할 수 있다는 것을 보여 주고 싶다.

수업 마무리 부분에서 TV 화면에 무지개 탑과 인간 탑을 보여 주고 공통점을 찾아보았다. 학생들은 각자 주어진 사진의 공통점을 포스트 잇에 적어 칠판에 붙여 보았다.

- 무지개 탑과 인간 탑의 공통점: 학생들의 생각

  탑을 쌓을 때 신중하게 쌓아야 한다.

  둘 다 사람이 만든 것이다.

  아래에 설탕을 많이 넣은 것처럼 인간 탑도 아래에 사람이 많다.

  아래에서 위로 올라갈수록 가벼워진다.

  무거운 사람이 아래에 있고 가벼운 사람이 위에 있다.

  힘이 센 사람이 아래로 힘이 약한 사람이 위에 있다.

나는 교사의 생각이 바뀌면 학생들의 생각도 바뀔 수 있다는 신념을 갖고 있다. 수업에 인문학을 담으려는 노력, 수업을 통해 삶의 지혜를 깨달아 나갈 수 있도록 도와주는 노력 자체가 의미 있는 일이다.

수업 속에 인문학을 담으려는 생각은 나 혼자만의 생각이 아니었다.
수업을 통해 학생들이 삶의 지혜를 깨달아 가면 좋겠다.

곰과 나무꾼

정호박

체육 시간에 '곰과 나무꾼' 놀이를 했다.

곰과 나무꾼 놀이는 처음에 나무꾼이 도끼질을 하고 있다가 곰이 문에서 나와 "곰이다!"라고 외치면 나무꾼들은 동작을 멈추고 가만히 있어야 한다.

그리고 곰이 나무꾼들에게 다가가서 나무꾼들을 웃기기 시작했다.

참지 못하고 웃게 되면 그 나무꾼은 곰이 되었다.

곰이 된 술래는 다른 나무꾼들을 웃기러 다닌다.

그래서 맨 마지막까지 남아 있는 나무꾼이 승자가 된다.

첫판에 맨 마지막까지 살았었는데 선생님이 웃겨서 나도 곰이 되었다.

그 이후로부터 빨리 곰이 되었다. 재밌었다.

모두가 나무꾼이 되어 일만 하고 있다면 정말로 재미없는 세상이겠다.
곰이 더 많아져 웃음이 넘치는 세상이 되면 좋겠다.
정호박이 선생님 때문에 웃은 것처럼.

박민이 선수와 함께한 스포츠 체육교실

이레몬

전교생이 모두 강당에 모였다.

근데 어디서 어떤 남자분이랑 여자분이 강당으로 자전거 한 대를 끌고 오셨다. 여자분은 박민이 선수라고 하였고 남자분은 코치라고 하였다.

박민이 선수가 자전거로 여러 가지 묘기를 보여 주었다. 신기하고 대단하였다. 또 우리 학교에 자전거 용품을 기부해 주셨다.

기부가 끝나고 하나둘씩 박민이 선수에게 몰려들었다. 알고 보니 사인을 받고 있었다. 난 종이를 안 가지고 와서 김자두에게 "종이 좀 주라."라고 했고 그 종이로 사인을 받기 위해 줄을 섰다. 그렇게 내 차례가 오고 사인을 받았다. 뒤를 보니 줄이 엄청 길었다.

사인을 받고 김자두랑 같이 있었는데 김자두가 "우리 반 쌤 뭔가 쓸쓸해 보이지 않아?" 했다.

내가 "어, 그래 보여."라고 했더니 "우리 반 선생님이 펜 들고 계셔."라고 김자두가 말했고, 난 "우리 선생님한테도 사인해 달라고 하자."라고 하였다.

우린 즉시 선생님께 가서 사인을 받았다.

선생님께서는 "선생님이 맨날 알림장에 사인해 주는데……." 하셨다.

우리는 "그래도 받을래요."라고 했다.

그러다 교장선생님께도 사인을 받았는데 다른 애들도 교장선생님께 사인을 받으러 왔다.

그러다 코치님 사인을 보니 무슨 이름인지 몰라서 코치님께 "사인 말고 일반 글씨체로 써 주세요."라고 했더니 코치님이 영어로 한 번, 한글로 한 번 이렇게 써 주셨다.

다 끝나고 급식실에 가서 밥을 먹고 있는데 우리 선생님께서 박민이 선수가 자전거 국가대표이고 세계적인 선수라는 걸 스마트폰으로 보여 주셨다. 그때 갑자기 박민이 선수와 악수했던 친구들이 생각났다. "아, 나도 악수할 걸."이라고 했더니 옆에 있던 김포도가 "나도."라고 했다.

박민이 선수처럼 자신이 좋아하는 꿈을 향해 도전할 수 있는
이레몬이 되었으면 좋겠다.
그리고 사인 받은 종이는 잘 간직해 두렴.
언젠가 사인이 담긴 종이를 다시 꺼내 볼 때,
그때의 추억도 함께 떠오를 수 있으니까.

다섯 고개

김자두

4교시를 하고 시간이 남아서 다섯 고개를 했다.

먼저 포스트잇에 답을 적고 선생님께 드렸다. 난 '선생님'을 적었다.

하지만 다른 애들이 무엇을 적었는지는 모른다.

이제 다섯 고개가 시작되었다.

선생님께서 "양딸기부터 나와서 해 보자."라고 말씀하셨지만 양딸기는 다른 사람부터 하면 좋겠다고 했다. 할 수 없이 선생님께서는 "먼저 하고 싶은 사람 손들어 봐."라고 하셨고 김포도가 손을 번쩍 들었다.

우리는 김포도에게 다섯 가지 질문을 하였다. 질문을 하면 문제를 낸 사람은 무조건 '예, 아니오'로만 대답해야 한다. 우린 다섯 개의 질문을 했지만 답을 찾지 못했다.

그래서 김포도에게 답을 물어봤더니 '진돗개'라고 말하였다.

그리고 정호박이 다섯 고개를 시작하였다. 다섯 가지 질문을 다 하고 곰곰이 생각하고 있었는데 양딸기가 "책"이라고 말하였다.

그때 정호박이 정답이라고 하였다.

양딸기가 답을 맞힌 것이다. 난 딸기가 대단하게 느껴졌다.

그다음은 이레몬이 다섯 고개를 시작하였다. 그리고 똑같이 질문을 다섯 번 하였다.

난 그래도 생각이 나지 않았다. 그래서 다급한 마음에 "이레몬 너!"

다섯 고개 문제를 풀면서 다섯 손가락의 창의성도 쑥쑥 자라는 것 같다.
정해진 답을 알기 위해 다섯 가지 질문을 만들어 내고,
또 그 다섯 가지 질문을 종합하여
어떤 답이 가장 적절한지를 생각해 내야 하니 말이다.
다섯 손가락 마음속에 새로운 생각들이 무럭무럭 자라면 좋겠다.

라고 외쳤다.

내가 한 답은 땡이었다. 이레몬에게 답을 물어봤더니 '시간표'라고 말하였다.

난 답이 '시간표'인 줄은 꿈에도 몰랐다.

그다음은 양딸기가 다섯 고개를 시작하였다. 우린 또 다섯 가지 질문을 했다. 그 질문 속에 먹을 수 있는 것이라는 말이 떠올랐다. 난 '케이크, 초콜릿, 사탕' 등 생각을 해 보았지만 아무것도 정답은 아닌 것 같았다. 그래서 내가 좋아하는 '소고기'를 답으로 냈다.

하지만 답은 틀렸다. 양딸기는 '젤리'라며 정답을 외쳤다.

젤리…….

난 젤리는 상상도 못 했다.

다음부터는 생각하는 힘을 길러야겠다고 다짐했다.

그다음은 내 차례다.

다섯 가지의 질문 속에 양딸기가 "먹을 수 있는 거냐?"라고 물어보았다.

난 너무 웃겼다. 답은 '선생님'인데…….

그래서 난 "아니요."라고 말했다. 아무도 답을 말하지 못하자 난 답을 외쳤다.

"선생님!"

우리들은 모두 깔깔대며 웃었다. 그렇게 다섯 고개가 끝났다.

맘껏 뛰노는

5월

놀기

5월은 어린이를 위한 달이다.
그리고 이렇게 놀기 좋은 계절도 드물다.
덥지도 춥지도 않은 5월
푸른 하늘을 보며
맘껏 뛰어다니자.

나이 먹기

지샘

체육 시간에 나이 먹기 게임을 했다.

원래 다른 활동을 해야 하는데 아이들이 하도 졸라 대서 "딱 이번 한 번이야!"라고 으름장을 놓고 나이 먹기 게임을 시작했다.

게임 방식은 이랬다.

처음에 모두 한 살로 시작한다.

상대편과 가위바위보를 해서 이기면 두 살이 된다.

이때부터 나이가 많은 사람이 나이가 적은 사람을 잡으면 나이가 적은 사람의 나이를 모두 가져간다. 또한 여러 사람들이 손을 잡고 있으면 손을 잡고 있는 사람의 수만큼 나이가 많아진다.

결국 정해진 시간이 되었을 때 나이가 많은 팀이 이기는 게임이다.

나이 먹기 게임을 누가 만들었는지 모르겠지만 아이들은 빨리 나이를 먹어서 어른이 되고 싶나 보다.

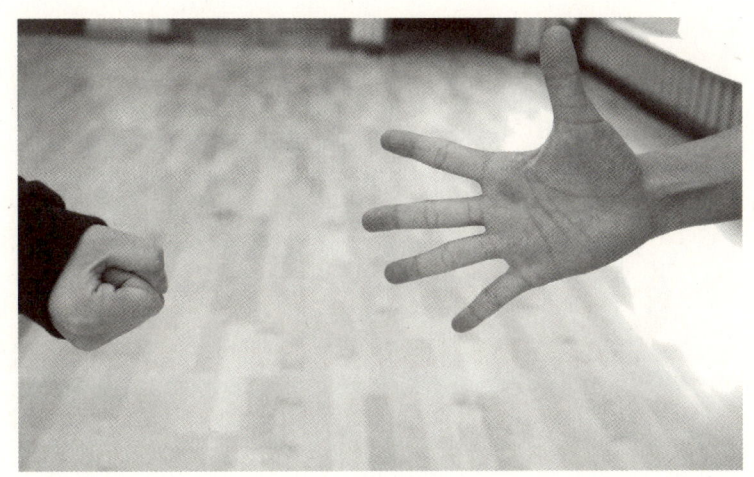

나이를 먹는다는 건 기뻐하거나 슬퍼할 일이 아니다.
그냥 지금 있는 그대로 살아가면 그뿐.
나이가 적으면 적은 대로
나이가 많으면 많은 대로
하고 싶은 일을 하고 있다면 그걸로 감사할 뿐이다.

여자애들이 지산 가족 소풍에 발표할 장기자랑을 준비하나 보다.
'카탈레나'를 춤으로 춘다는데 선생님은 '카탈레나'가 무슨 말인지도 모르겠더구나.
그래서 여자애들에게 물어봤더니 자기들도 무슨 말인지는 모르겠단다.
호박이와 선생님이 조금만 더 참고 견뎌 보자.
여학생들의 멋진 카탈레나 춤을 기대하며.

시끄러운 우리 반

정호박

급식실에서 점심을 먹고 반에 오는데 엄청 시끄러웠다.

이유는 애들이 '카탈레나'라는 노래를 틀고 안무를 연습 중이었기 때문이다. 애들이 그걸 또 부르고 있어서 시끄러웠다.

그래서 나는 화이트보드에 졸라맨 3명을 그리고 말풍선에 이렇게 썼다.

시끄러워……. 시끄러워……. 시끄러워…….

보물찾기

김자두

지산 가족 소풍을 갔다.

오전에 여러 가지 재밌는 활동을 한 다음 밥을 먹고 보물찾기를 시작하였다.

보물을 찾으러 가는데 맨 처음 바람개비 쪽에서 하나 발견했다. 그래서 "찾았다!"라고 외쳤는데 바람개비가 있는 쪽은 유치원 보물이라고 했다. 어쩔 수 없이 찾은 보물 쪽지를 다시 그곳에 놓아두었다.

고학년은 산을 돌면서 보물을 찾는다고 한다. 산속에서 찾는 거라 어렵다는 생각을 했다.

한참 걸어가고 있는데 내 눈에 보물 쪽지가 보였다. 나는 쪽지를 펼쳐 보았다. 그 쪽지에는 '보물'이라고 적혀 있었다.

너무 기뻤다. 난 한 개 더 찾아서 언니들에게 주고 싶었다. 하지만 결국 하나 더 찾진 못했다.

딸기와 레몬이는 2개씩 찾았다고 했다. 그래서 조금 부러웠다.

아쉬움을 남긴 채 처음 모였던 장소로 돌아갔다.

보물 쪽지를 선생님께 드렸더니, 다시 보물판에 있는 쪽지를 뽑으라고 했다.

난 '지산'이라고 적혀 있는 쪽지를 뽑았다.

난 보물이 있는 상자에 손을 넣고 보물을 집어 들었다.

십자수 만들기 세트였다.

난 십자수 만들기 세트가 꽤나 마음에 들었다.

보물을 발견했을 때 자두의 마음이 얼마나 두근거렸을까?
선생님도 어렸을 때 보물찾기했던 기억을 떠올려 보았단다.
보물이 어디에 숨겨져 있을까?
발로 나뭇잎을 걷어 내고, 손으로 돌을 들춰 내던
그때의 모습이 생생하구나.
학교란 '두근두근' 추억을 만드는 곳이 아닐까?

체육 시간에 나타난 해초 언니

이레몬

체육 시간에 피구를 했다.

피구를 하고 있는데 해초 언니가 왔다. 해초 언니는 6학년에 있는 말미잘 언니의 언니다. 지금은 중학생이다.

해초 언니에게 왜 왔냐고 물어봤더니 "나, 강당 와 보고 싶었어!"라고 말했다. 아마도 새로 지은 강당을 보고 싶었나 보다.

선생님 허락을 받고 해초 언니도 함께 피구를 하였다.

피구를 하던 중 선생님께서 "상대 팀 머리를 공으로 맞추면 그 팀은 지는 거야!"

그런데 6학년 동수 오빠가 상대 팀 머리를 공으로 맞추고 말았다. 그래서 우리 팀은 졌다.

다시 피구를 하다가 해초 언니가 우리 반 정호박을 보더니 귀엽다고 했다. 정호박이 "아니야~"라고 하자,

해초 언니는 "어떡해, 너무 귀여워~"라고 말하며 나한테 "쟤 이름 뭐니?"라고 물어보았다.

옆에 있던 동수 오빠가 정호박이라고 말해 주었다.

난 작은 목소리로 "힝, 내가 말하려고 했는데……."

그렇게 체육 시간이 끝났다.

해초 언니는 우리 학교를 졸업했잖아.
그래서 새로 지은 강당이 어떻게 생겼나, 후배들이 잘 지내나 궁금했나 보다.
해초 언니가 그렇게 궁금해하는 건 아마도 해초 언니 마음속에
우리 학교에 대한 추억이 많아서일지도 몰라.
이레몬이 중학생이 되면 우리 학교를 어떻게 기억할까?

레몬이가 잡아 온 개구리

김포도

중간놀이 시간에 밖에 나갔다. 그런데 밖에 개구리가 있었다. 레몬이가 그것을 '덥석' 잡았다.

마침 그 옆에는 개구리를 무서워하는 태양이가 있었다.

옆에 친구들이 "태양이에게 개구리를 보여 줘 봐."

레몬이가 태양이에게 개구리를 보여 주자 놀란 표정을 하고 달아났다.

나는 레몬이에게 교실로 개구리를 가져가자고 했다.

교실에 와서 내 물통에 개구리를 넣어 놓았다. 그리고 조별로 장기자랑 연습을 하러 갔다. 장기자랑 연습이 끝나고 교실로 돌아오니 호박이가 먼저 와 있었다.

"개구리 안 죽었겠지?"

"말라서 죽었을지도 몰라!"

그 말을 듣고 깜짝 놀라 물통 뚜껑을 열었더니 개구리가 '폴짝' 뛰어서 탈출했다. 다행히 교실 밖으로는 나가지 않았다.

선생님이 교실로 들어오셔서 개구리를 보고 깜짝 놀라시더니 사진을 찍기 시작했다.

물통으로 개구리를 잡으려는데 틈 사이로 빠져나갔다. 그 순간 개구리가 내 손을 스쳐 지나갔다. 정말 징그러웠다. 겨우 개구리를 물통 속

에 넣었는데,

"개구리를 살려 주고 오렴."

선생님의 말씀을 듣고 우리는 개구리를 밖에 놓아주었다.

그런데 시간이 지나자 징그럽기만 하던 개구리가 보고 싶었다.

그래도 개구리를 살려 준 것은 잘한 일 같았다.

개구리가 너희들을 보고 더 많이 놀라지 않았을까?
우리 학교는 광주에 있지만 시골 학교라 여러 가지 동물들을 많이 만나는구나.
얼마 전에는 학교 정원에 뱀이 나타났다는데
아마도 개구리를 잡아먹으러 온 게 아닌가 싶다.
우리 반에 왔다 간 개구리가 무사할 수 있도록 기도해 주자.

딸에게 받은 카드

지샘

어버이날이 되기 하루 전.
집에 도착했더니
딸이 방으로 나를 부른다.
카드를 펼쳐 보니

제 옷, 신발, 물건 이런 것들을 사시려고
학교에서 열심히 가르치시는 우리 아빠.
절 위해 돈을 벌어 주셔서 정말 감사해요.
아빠! 공부 열심히 하고, 컴퓨터 시간도 줄일게요.
아빠! 사랑해요.

사랑하는 아들, 딸을 위해 돈도 열심히 벌어야겠구나.
엄마, 아빠, 할머니에게 마음을 담아 준 카드는 정말 감동이었다.
사랑한다. 내 딸.

어버이날과 스승의 날을 착각하다니.
그래도 편지와 카네이션을 미리 준비해 두어 다행이다.
정성껏 준비한 자두의 편지와 카네이션을 받은
부모님은 정말 기뻤겠다.
아 참, 자두가 어버이날을 모르고 있었다는 건
너와 나 둘만의 비밀로 간직하자.

카네이션과 편지

김자두

5월 8일은 어버이날이다.

난 5월 15일이 어버이날인 줄 알고 느긋하게 카네이션과 편지를 준비해서 놔두었다.

근데!

학교에서 5월 8일이 어버이날이라고 한다. 난 깜짝 놀랐다.

그래서 스쿨버스를 타고 집에 도착하자마자 준비한 카네이션과 편지를 어머니께 드렸다.

엄마는 "고맙다."고 하셨다.

그리하여 난 어버이날이 지나기 전에 준비한 편지를 드릴 수 있었다.

토요 방과후교실 : 농구

양딸기

토요 방과후교실을 가는 날이다.

내가 하는 것은 농구와 줄넘기다.

농구는 9시에 시작하는데 난 처음으로 시간에 맞춰서 도착했다.

오늘 시합을 했는데 우리 편이 졌다. 그래서 기분이 안 좋다.

양딸기 팀이 농구 시합에서 지는 바람에 속상했구나.
그런데 어쩌지, 서로 편을 갈라 시합을 하게 되면
어느 한 팀은 반드시 지게 된단다.
선생님도 배드민턴 시합을 한 번씩 하는데
시합에서 지면 기분이 썩 좋진 않더구나.
그럼에도 불구하고, '져도 괜찮다'는 주문을 자신에게 걸어야 해.
딸기야, "져도 괜찮아."

편지

정호박

편지를 썼다. 선생님이랑 같이 썼다. 뭔가 강제적으로 쓴 느낌이다.
하지만 당연히 써야 할 걸 안 쓰려고 하다니 난 참 한심한 것 같다.
이제 엄마한테 주면 되는데 방과후교실을 간 사이에 엄마가 가방 속
에 있는 편지를 봐 버렸다. 엄마는 좋아했다. 다행이다.

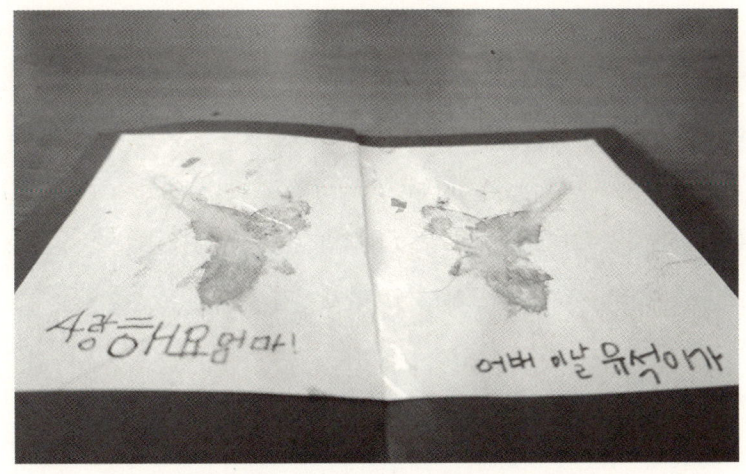

선생님이 시켜서 쓴 편지.
기분 나빠할 수도 있었겠다.
그래도 당연히 써야 하는 편지로 생각해 줘서 고마워.
편지를 받고 기뻐하는 엄마의 마음.
'엄마가 좋아했다'는 정호박의 마음.
마음은 정성이 담긴 편지를 통해 전달되기도 한단다.

특별한 어버이날

김포도

오늘은 어버이날 하루 전이다.

난 엄마에게 특별한 어버이날을 드리고 싶었다. 난 엄마 몰래 카드를 만들기 시작했다. 아빠 것도 같이 만들었지만 아빠는 서울에 가서 나중에 드리기로 했다.

종이를 자르고 붙이고 마침내 카드가 완성되었다. 난 다 완성된 카드를 밤 12시에 드리고 싶었다. 방에서 12시가 되기를 기다리다가 시간을 보기 위해 거실로 나왔다.

엄마는 거실에 계셨다.

"빨리 들어가 안 자냐? 시간이 몇 시냐?"

난 "알았어요."라고 대답한 후, 다시 방으로 들어갔다.

그리고 12시가 되자, 카드를 들고 엄마에게 갔다.

"엄마, 여기요."

엄마는 "고마워!"라고 말했다.

뿌듯했다. 기분이 좋았다.

아빠에게도 드렸으면 좋았을 텐데……

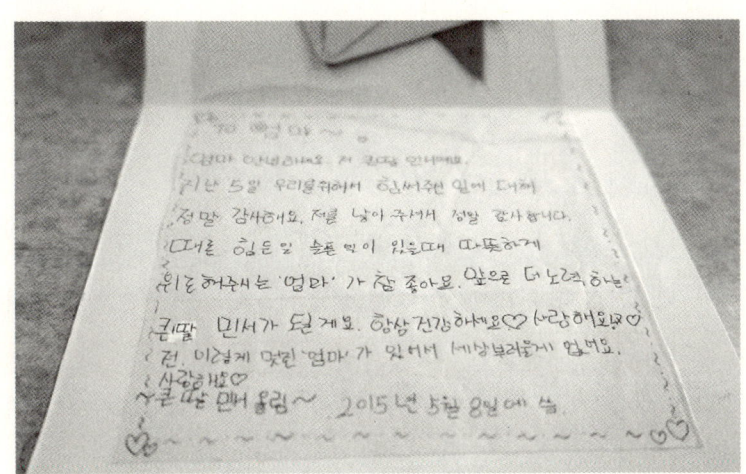

포도는 엄마에게 카드를 드리려고 밤 12시까지 기다렸구나.
밤 12시가 지나고 어버이날이 되는 바로 그 순간에 카드를 드리고 싶었나 보다.
시간을 확인하기 위해 거실에 나왔다가 엄마에게 혼이 났는데도
12시가 될 때까지 계속 기다렸구나.
특별한 어버이날을 만들려는 김포도의 마음이 엄마에게 전해졌을 거야.
손에 카드를 쥐고 밤 12시까지 기다리면서 포도는 무슨 생각을 했을까?
그 생각만 해도 행복하구나.

아기 새의 죽음

이래몬

교실에 들어가서 어제 두고 온 아기 새를 찾아보았다. 박스 안에 있던 아기 새는 움직이지 않았다. 자세히 보니 죽어 있었다.

난 너무나 충격적이고 슬펐다. 그때 선생님이 오셨다.

"선생님, 새가 죽어 있어요."

"아, 그래? 어떻게 하루 만에 죽지?"

"아기 새 숨 막힐까 봐 교실 창문을 열어 놓고 갔는데 오늘 보니까 닫혀 있어요."

선생님은 아기 새를 텃밭 뒤쪽에 묻어 주고 오라고 했다. 아기 새가 들어 있는 스티로폼 상자를 가지고 나가는데 자두를 만났다.

"자두야, 아기 새 죽었어."

"왜 죽었지?"

난 자두와 함께 아기 새를 묻어 주러 가는데, 가는 길에 별이 언니를 만났다. 그래서 우리는 같이 텃밭으로 갔다. 이때, 아저씨가 "너희들 여기서 뭐 하니?"라고 물으며 우리에게 다가오셨다.

"아기 새 묻어 주러 왔어요."

그랬더니 아저씨가 삽으로 흙을 퍼내고 아기 새를 손으로 집어 묻어 주셨다.

난 새 무덤 위에 물을 뿌려 주고 하늘 나라가서 잘 살라고 기도했다.

교실로 돌아오면서 딸기를 만났다.

"아기 새가 죽었어. 그래서 묻어 주고 왔어."

"어디에 묻어 줬어?"

"텃밭에 묻어 줬어."

"아, 알았어."

다음엔 포도를 만났다.

"아기 새 죽었어."

"왜 죽었어?"

"공기가 안 통해서 죽었나 봐."

교실에 와서 만난 호박이에게도 아기 새가 죽었다고 말해 주었다.

그렇게 이 사건은 마무리되었다.

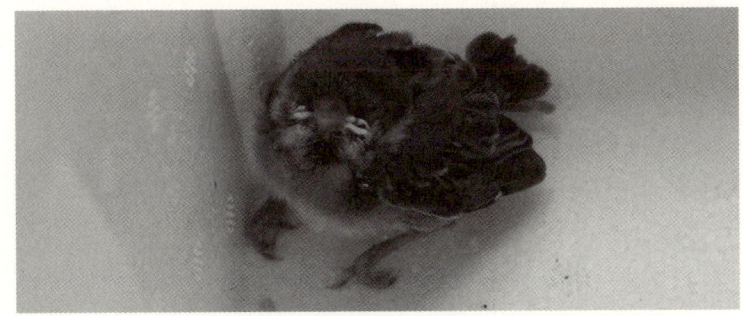

아기 새가 죽어서 너무 슬프다.
다리가 다친 아기 새를 밖에 놓아둘 수도 없고,
집으로 가져갈 수도 없어서 교실에 두었는데…….
그리고 먹이도 주고, 물도 놓아두고 갔었는데…….
하루 만에 우리 곁을 떠났구나.
하루만 정들어도 이렇게 가슴이 아픈데…….
아기 새가 좋은 곳으로 갈 수 있도록 기도해 주자.
그리고 이 땅에 살아 있는 모든 생명들을 소중히 대하자.

학교에 불이 난다면?(소방 훈련)

지샘

학교에 불이 난다면?

생각만 해도 끔찍한 일이다.

다모임장의 "불이야!"라는 외침에 전교생이 손수건으로 입을 막고 운동장으로 대피했다.

진지하게 참여해야 함에도 불구하고,

"야! 수업 끝났다."

"난 기어서 나가야지."

"다 끝나고 놀다 와요!"

맨날 놀 생각만 하는 아이들.

그래도 귀엽고 예뻤다.

아이들은 맨날 놀 생각만 한다.
공부할 때도 놀 생각
야외 교육을 받을 때도 놀 생각
심지어 놀고 와도 놀 생각
노는 게 정말 좋은가 보다.

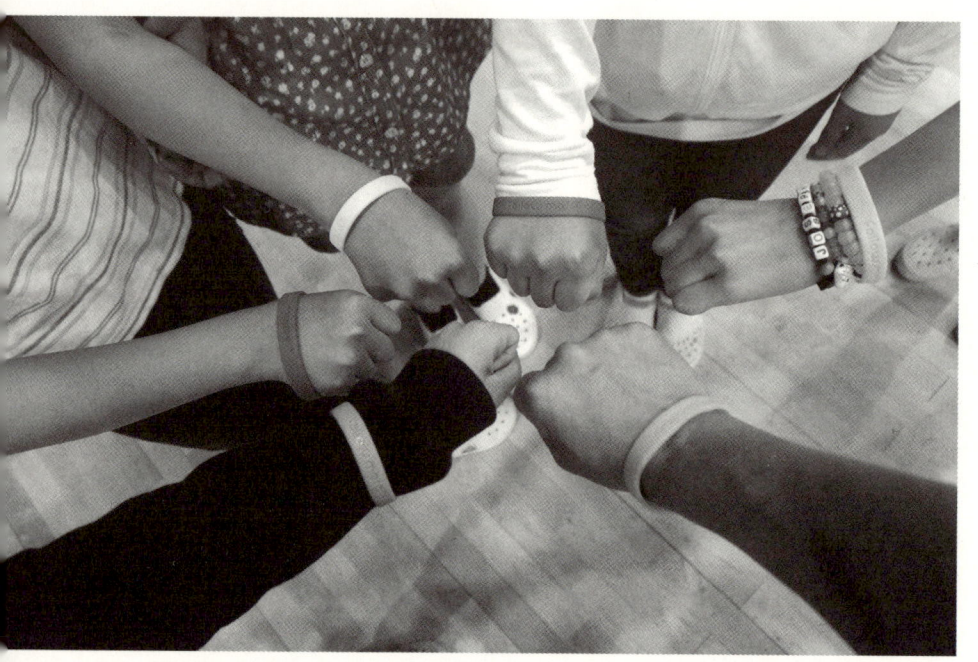

선생님이 준 팔찌에는 에너지가 들어 있어.
그래서 팔찌를 차고 있으면 어떠한 적들도 다 물리칠 수 있는 힘이 생기지.
그런데 그 적들은 다른 데 있는 게 아니라 우리들 마음속에 있단다.
시기, 질투, 미움, 욕심, 괴롭힘.
적들을 다 물리치고 행복하게 살자.

팔찌 배달 왔어요!

김포도

아침에 선생님께서 상자를 하나 꺼내셨다. 그러고는 우리보고 눈을 감고 하나씩 뽑으라고 하셨다.

선생님께서는 "좀 늦었지만 어린이날 선물이야. 그런데 기대는 하지 마라."라고 말씀하셨지만 난 은근히 기대했다.

먼저 딸기가 뽑았는데 '팔찌'였다.

다른 친구들도 모두 '팔찌'였다.

자두와 레몬은 빨간색,

나와 딸기는 노란색,

선생님과 호박이는 연두색이었다.

생각해 보니 신기하게도 자두와 레몬은 과학실 청소,

나와 딸기는 협의실 청소,

선생님과 호박이는 교실 청소.

청소 구역과 팔찌 색깔이 똑같았다.

방울토마토 심은 날

양딸기

아침에 방울토마토를 심는다고 했다.

그래서 텃밭에 갔다.

플라스틱 페트병에 흙을 담아서 그 안에 방울토마토 모종을 옮겨 심었다.

방울토마토를 심고 나니 빨리 컸으면 좋겠다는 생각을 했다.

그래야지 빨갛게 익은 토마토를 따 먹을 수 있으니까…….

양딸기 말처럼 빨갛게 익은 방울토마토를 따 먹고 싶구나.
물은 일주일에 한 번만 주고, 곧게 자랄 수 있도록 지지대도 달아 주자.
잘 자라 주면 더운 여름에 우리 반 커튼 역할도 하겠다.
우리가 자라는 만큼 방울토마토도 함께 자라겠구나.

죽순

양딸기

점심을 먹고 친구들과 산책을 했다. 산책을 하고 있는데 6학년 선생
님을 만났다. 선생님은 우리보고 보건실 가서 칼을 가져오라고 했다.

가져온 칼을 가지고 대나무밭으로 갔다.

대나무밭에는 작은 대나무가 군데군데 나와 있었다.

선생님께서는 이걸 죽순이라고 했다.

함께 죽순을 캐고 나눠 가졌다.

자연은 우리에게 무한히 많은 것을 나누어 주는구나.
통통한 죽순으로 무엇을 만들어 먹었니?
맛있게 버무려진 죽순 나물을 생각하니 입안에 군침이 도는구나.

정호박! 20분은 재채기하고 20분만 시험을 봤는데 75점을 맞았구나.
이제 재채기만 안 하면 공부는 저절로 되겠다.

수학 시험

정호박

수학 시험을 봤다.

그런데 재채기를 시작했다.

처음 시작부터 20분 동안이나…….

그래서 시간이 한참 지나 시험지를 보게 되었다.

아주 쉬웠지만 시간이 부족했다.

시험 결과는 75점이었다.

난 시험 보기 전에 "내가 70점은 넘는다."라고 했는데 다행히 70점을 넘었다.

틀린 문제를 확인해 보니 답을 반대로 쓴 게 있었다.

안 그랬다면 85점인데…….

다음부터는 검토를 잘해야겠다.

잔디밭에서 밥 먹기

이레몬

오늘부터 열 손가락 친구들은 잔디밭에서 밥을 먹는다고 했다.

우선 민주 오빠와 내가 잔디밭에 돗자리를 깔았고, 우리 1조는 급식실에서 음식을 받아 잔디밭으로 갔다.

잔디밭에서 밥을 먹고 있는데 자두가 우리에게 왔다.

우리 조에 있던 오이는 자두를 보더니 "이모"라고 부르며 밥 먹다 말고 뛰어나갔다.

자두는 "흥, 내가 너한테 잡힐 것 같아!"라면서 냅다 도망쳤다.

오이는 한참을 달려가더니 지쳐서 돌아왔다.

그리고 잔디밭에 앉아 다시 밥을 먹기 시작했다.

급식실을 벗어나 야외에 돗자리를 깔고 점심을 먹으니
마치 야외로 소풍 나온 느낌이 든다.
가끔씩은 밖에서 밥을 먹어 보자.
그럼 지나가는 바람도 만날 수 있고,
파란 하늘과 마주할 수도 있으며,
시끄럽게 재잘거려도 되겠다.

주먹밥

이레몬

"오늘 급식은 주먹밥이다."

선생님의 한마디에 우리는 "야호!"를 외치며 급식실로 달려갔다.

숟가락, 젓가락, 식판을 들고 밥, 깻잎, 김, 생선을 받아 자리에 앉았다.

5·18 때 주먹밥을 만들어 시민들에게 나눠 주던 아줌마들처럼 우리들도 만든 주먹밥을 다른 사람들에게 나눠 주기로 했다.

자두는 깻잎을 주먹밥에 쌌다.

선생님은 그걸 보시고 "우와, 잘 만들었다."라며 칭찬해 주셨다.

난 국에 있는 오징어를 주먹밥 위에 올리고 깻잎으로 주먹밥을 감싸고 그 위에 김치를 올려놓았다.

난 주먹밥을 만들면서 5·18 때 아줌마들이 만드신 주먹밥에 얼마나 정성이 들어가 있을지 생각해 보았다.

5·18 때 아주머니들이 만든 주먹밥에는
광주 시민들에게 힘이 되기를 바라는 진심이 담겨 있었겠지.
선생님은 너희들이 주먹밥을 만들면서 그 시절을 떠올려 봤으면 좋겠다.
'역사를 잊은 민족에게 미래는 없다'는 말처럼.

자전거를 타고 수학여행을 간다니 생각만 해도 가슴이 설렌다.
자전거 타는 연습을 열심히 해서 한 명도 다치지 않고
끝까지 완주하는 수학여행이 되었으면 좋겠다.

에코바이크

김자두

목요일이다. 에코바이크 시간이 돌아왔다. 저번엔 자전거를 탈 줄 알 았는데 안전 교육만 해서 서운했다.

하지만 이번 주는 달랐다. 드디어 자전거를 탄 것이다.

우리는 다음 달에 자전거를 타고 수학여행을 간다. 그래서 오늘은 자 전거 타는 순서도 정하고 안장도 다시 맞추었다.

자전거를 타고 있는데 에코바이크 선생님이 모이라 하셨다. 자전거를 그만 타는 줄 알고 아쉬워했는데 그게 아니라 자전거 타는 법을 알려 주셨다.

선생님께서 알려 주신 방법은 빌가락 아래에 페달을 밟고 일어서서 출발하고 도착할 때도 일어서서 내리라고 하셨다.

이렇게 자전거 타는 방법을 알고 다시 두 바퀴를 더 탔다.

진하기 측정 도구

김포도

과학 시간에 용액의 진하기를 비교하는 도구를 만들었다.

우리는 3명과 2명으로 나누어 실험을 했다.

나, 레몬, 자두가 한 팀이 되고, 호박이랑 딸기가 한 팀이 되었다.

먼저 소금물을 만들었다. 하나는 적게, 하나는 많이 넣었다.

선생님께서는 빨대와 고무찰흙을 나누어 주셨다. 빨대를 접어서 눈금을 표시하고 고무줄로 묶었다.

끝부분에 붙일 고무찰흙을 동그랗게 만드는데 자꾸 주름이 생겼다.

"뜨거운 물 묻히면 잘 뭉쳐져."

딸기의 말에 뜨거운 물을 한 방울 떨어뜨렸다.

잘 뭉쳐지지 않았다. 그래도 만들긴 했다.

진하기 측정 도구를 연한 소금물에 담가 보았더니 가라앉고, 진한 소금물에 넣었더니 떴다.

참 신기했다.

진한 소금물엔 물체를 띄울 수 있는 마법이 숨겨져 있나 보다.
우리 모두 진한 사람이 되자.
그럼 우리의 바람, 상상, 행복도 수면 위로 떠오르겠다.

부채

정호박

공예 시간에 부채를 만들었다.
스케치는 선생님이 해 주셨다.
난 붓펜으로 따라 그렸다.
근데 너무 힘들었다.
이제 물감으로 색을 입혔다.
조금밖에 하지 못했는데 시간이 갔다.
배경은 선생님이 칠해 주셨다.
내가 다 못 해서 아쉬웠다.

색색이 수놓은 부채가 정말 아름답구나.
호박아! 힘들어도 끝까지 포기하지 않았으니 그걸로 충분하다.
오늘 공예 선생님이 호박이를 도와준 것처럼,
살다 보면 호박이의 손길을 필요로 하는 데가 있다.
그때 호박이가 손을 내밀어 주면 된다. 망설이지 말고.

윗몸 말아 올리기

김자두

2015년 5월 28일 지금 팝스 체력 측정을 하러 간다. 그래서 윗몸 말아 올리기를 했다. 소리에 맞추어 하라고 선생님께서 말씀하셨다.

그래서 소리에 맞춰 시작하였다. 100개쯤 되자, 너무 힘이 들었다.

그래도 꾹 참고 열심히 했다. 그래서 226개를 했다.

할 땐 힘들었지만 다 하고 나니 뿌듯하였다.

발목을 힘껏 잡아 주며
"힘내! 친구."
"한 개만 더 하자!"
친구의 응원 소리를 들으면 없던 힘도 생기나 보다.

개미와 진딧물

양딸기

생태 시간에 개미와 진딧물 게임을 했다.

5, 6학년 학생들이 개미가 되었고, 1학년 학생들이 진딧물이 되었다.

개미는 진딧물을 보호해 준다고 한다.

그래서 우리는 1학년 학생들과 한 명씩 짝을 지어 1학년 학생들이 피구 공에 맞지 않도록 지켜 주었다.

피구 공이 날아온다.
언니, 오빠들의 등 뒤에 딱 붙어 있는 동생들은 무슨 생각을 할까?
'둥지처럼 포근하고 따뜻하다'는 생각을 했겠지.
학교가 둥지 같으면 좋겠다.
포근하고 따뜻한 사랑이 학교에 가득했으면 좋겠다.

소중한 우유

이레몬

음악 시간이었다. 선생님께서는 우리에게 지휘를 해 보라고 하셨다. 리코더를 지휘봉이라고 치고, 지휘를 했다.

난 박자를 잘 몰라서 가끔씩 틀렸다. 그럴 때마다 양딸기의 지휘를 보면서 고쳐 나갔다.

그때 양딸기가 내 책상에 있던 우유를 리코더로 건드렸다.

우유는 '톡' 하는 소리와 함께 책상에 엎질러졌다.

쏟아진 우유를 걸레로 닦아 냈다.

남은 우유를 항상 책상 위에 놔두더니 언젠가는 벌어진 사건이었다.
이제부터는 선생님 말씀을 새겨들어라.
우유는 개봉 즉시 모두 마시자.

수학 문제

정호박

중간놀이 시간에 심심해서 수학 문제를 풀었다.

근데 그냥 풀면 재미가 없어서 애들에게 숫자를 말하게 하였다.

그래서 식은 이렇게 되었다.

$$\frac{5}{48} - \frac{49}{24} = \frac{5}{48} - \frac{98}{48} = -\frac{93}{48} = -1\frac{15}{48}$$

답에는 아직 배우지도 않은 음수(-)가 들어가 있었다.

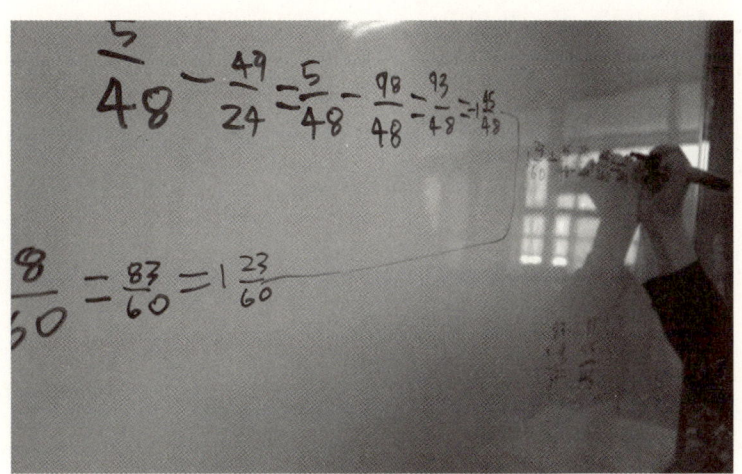

정호박에게는 수학이 심심할 때 할 수 있는 놀이구나.
그것도 아직 배우지 않은 음수(-)를 넣어 수학 계산을 하다니 대단하다.
정호박이 계속 수학을 즐겁게 할 수 있도록 선생님이 도와줘야겠다.
공부가 즐거우면 학교 오는 것도 즐겁겠다.

컨디션 안 좋은 날

아침부터 머리가 아프다. 컨디션이 안 좋다.

1교시는 내가 좋아하는 사회 시간이다.

사회 수업을 할 때 처음에는 머리가 아프다가 나중에는 괜찮았다.

2교시 수업 시간에는 딸기가 자꾸 휘파람을 불었다.

그래서인지 머리가 더 아파 오려고 했다.

6학년 선생님께서 "양딸기 왜 자꾸 수업 시간에 휘파람 불어?"라고 하자, 딸기는 휘파람을 멈추었다.

그래서 머리는 아프지 않았다.

난 학교에 오면 즐거울 때도 있지만 즐겁지 않을 때가 있다.

그땐 항상 마음 어딘가 불편했다.

컨디션이 안 좋은 날은 선생님도 자꾸 짜증이 난단다.

그런 날엔 멀리 있는 산을 바라보자.

산은 언제나 그 자리에서 우리를 바라보고 있더구나.

그렇게 나를 위로해 주자.

김포도를 날마다 바라보는 누군가가 있다는 것을 기억하자.

배우며 자라는

6월

배움

가르치는 건 모두 같지만
배우는 건 모두 다르다.
그래서 우린 모두 다른 생각을 할 수 있고
모두 다르게 표현할 수 있다.

메르스

지샘

중동에서 온 독감이 온 국민을 공포로 몰고 있다.

어제는 시내에서 교사연구회 모임을 하는데 마침 그 근처에 있는 병원에서 메르스 확진 판정을 받은 환자가 있다는 소식을 들었다.

우리 학교 교직원들이 사용하는 밴드에는 바셀린을 코밑에 바르면 메르스를 예방할 수 있다는 문구가 올라왔다.

페이스북에도 온통 메르스 소식이다.

어떤 1학년 선생님이 페이스북에 적어 놓은 글이다.

"우리 아빠는 맨날 집에서 메리아스만 입고 다니는데 메리아스가 그렇게 무서운 거예요?

1학년 학생이 잔뜩 겁을 먹은 표정으로 물어보았단다.

웃긴 말에도 웃지 못하는 요즘이다.

중동에서 건너온 메르스에 감염된 환자는 1명이었지만 2주일이 지난 지금. 메르스로 인한 사망자가 5명, 확진 환자 87명, 격리 대상자는 2000명을 넘어섰다.

학교에서는 메르스로 인해 각종 행사가 연기되거나 취소되고 있으며 가족들은 주말이 되어도 마음껏 나들이를 갈 수가 없다. 어쩌다가 이 지경이 되었는지 국가는 지금까지 무엇을 했는지 묻고 싶다.

대한민국은 안전한 나라인가?

교사연구회 모임이 끝나고 집에 가는 길에 바셀린 2개를 샀다.
하나는 우리 가족들, 나머지 하나는 다섯 손가락 친구들 것이다.
다음 날 학교에 오니 바셀린을 바르는 것은 별 효과도 없고,
오히려 호흡기를 손상시킬 수도 있다고 한다.
바셀린을 볼 때마다 그때 생각이 난다.

다섯 손가락 태양계

정호박

과학 시간이다.

큰 도화지에 태양계 행성을 붙였다.

그리고 그림을 그렸다.

그냥 그린 그림이 아닌 태양계에 관한 그림을 그렸다.

나는 내가 쓴 글씨에 졸라맨 그림을 그렸다.

왜냐면, 그릴 줄 아는 게 졸라맨밖에 없었다.

그리다가 시간이 다 돼서 밥 먹고 다시 그렸다.

정호박이 다섯 손가락의 '락' 자에 그려 놓은 졸라맨 덕분에
태양계 그림이 훨씬 더 아름다워졌다.
아름다움은 실력이 아니라 정성인가 보다.

낙서로 만든 팔찌

정호박

사회 시간에 종이를 받았다.
나는 딴짓으로 낙서를 했다.
근데 너무 허전한 것 같아서 접었는데
팔찌가 되었다.

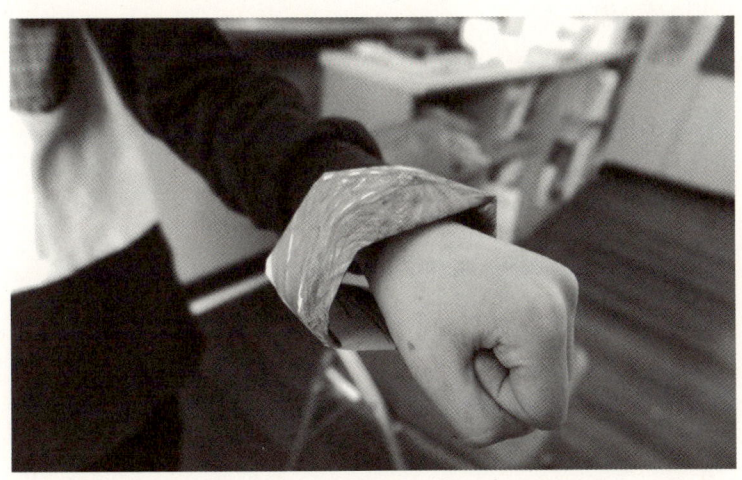

수업 시간에 딴짓만 하더니 그래도 뭔가 재밌는 것을 만들었구나.
정호박이 하는 딴짓들을 지켜봐야겠다.

지각

이레몬

'지각이다.'

오늘 지각을 했다.

선생님은 "왔어?"라고 하시고,

친구들은 "안녕"이라고 했다.

오늘 왜 늦었냐면 아침 6시에 일어나서 양치질하고 세수하고 다시 자서 9시에 일어났다.

그래서 허겁지겁 가방을 메고 85번 버스를 타고 학교에 내려서 운동장을 뛰어서 왔다.

시계를 보니 9시 20분이었다.

그래도 선생님은 혼내지 않으셨다.

참 착하신 것 같다.

아침에 이레몬이 안 보여서 걱정했단다.

그래서 아버지랑 통화했지.

"레몬이가 아직 학교에 안 왔다고요?"

"6시에 일어나서 양치하고 다시 잠들었나 보네요."

"조금 늦을 것 같습니다."

아버지는 이렇게 말씀하셨지.

통화를 끝내고 조금 있다가 레몬이가 교실로 허겁지겁 들어오더구나.

레몬아! 아침에 학교 오기 힘들지?

그래도 조금 더 힘내자, 레몬이의 인생을 잠으로 허비하지 말자.

귀차니즘에 빠진 정호박

지샘

"정호박, 영어 숙제는 해 왔니?"

"정호박, 수학 문제 풀고 있니?"

"새끼손가락 걸고 한 맹세는 다 어디로 갔니?"

이런 물음에 정호박은 묵묵부답이다.

어쩌다 하는 한마디는 "귀찮아요."

이럴 때면 심장이 터질 것처럼 호흡이 빨라진다. 그리고 속으로 다짐한다.

'화를 내서는 안 된다. 참아야 한다. 정호박이 스스로 할 수 있도록 기회를 주어야 해. 난 그저 격려와 용기만 주면 되는 거야.'

그렇게 하루하루를 보내던 중, 오늘따라 나를 바쁘게 하는 일이 생겼다. 잘 알아먹을 수도 없는 개인정보보호 업무 때문에 교무실을 왔다 갔다 했고 아침부터 담당 장학사와 통화했다.

통화는 길어졌고 아이들은 소란스러워지기 시작했다.

내가 바쁜 날엔 특히 말을 듣지 않은 아이들이다.

당연하다.

애들에게는 떠들 수 있는 기회니까.

양딸기와 이레몬이 이구동성으로 외쳐 댔다.

"선생님, 우리 영어 노트 하루에 한 쪽만 쓰면 안 돼요?"

"글씨 쓰기 힘들어요."

이때 정호박이 함께 거들었다.

"맞아요, 한 쪽만 써요."

숙제는 하지도 않으면서 정호박이 나서는 것을 보고 그만 참고 있었던 화가 폭발하고 말았다.

"넌, 약속도 안 지키니까 아무 말도 하지 마!"

정호박은 아무 말도 하지 않았다.

4교시가 끝나고, 정호박이 어디서 가져왔는지 모를 사탕을 내 책상 위에 놓고 자리에 앉았다. 그리고 책상 정리를 하기 시작했다.

호박이는 그래도 선생님이 좋았나 보구나.
글씨 쓰는 것을 귀찮아하고, 책상을 정리하는 것도 싫어하지만
친구들과 산책하는 것을 좋아하고,
평화를 사랑하는 정호박이면 그걸로 충분하다.

다른 친구들이 양딸기의 실력을 인정해 줬나 보다.
공을 잘 피하는 실력.
생각해 보면 우리 모두에게는 장군 한 명쯤은 있을 것 같다.
양딸기를 지켜 주는 장군은 누굴까?
아빠, 엄마, 선생님?
누군가 나를 지켜 준다는 상상만 해도 행복하구나.

여왕 피구

양딸기

오늘은 수요일!!

체육 시간에 강당에서 여왕 피구를 했다.

여왕 피구 방법은 이렇다.

팀별로 여왕을 정한다.

여왕이 공에 맞으면 게임이 끝난다.

단, 마지막에 여왕과 또 한 명이 남아 있으면 그 한 명은 장군이 된다.

장군은 공을 맞아도 죽지 않는다.

그래서 여왕을 보호해 줄 수 있다.

여왕 게임을 6번 했는데 내가 거의 여왕을 했다.

결과는 3 : 3 무승부였다.

천왕성 탐사하기

김자두

과학 시간에 행성 하나를 골라 탐사 보고서를 쓰기로 했다.

난 천왕성,

이레몬은 목성,

정호박은 수성,

김포도는 해왕성,

마지막으로 양딸기는 토성을 골랐다.

그렇게 정하고 컴퓨터실에서 조사를 하였다.

조사는 이 정도 하면 되겠다 싶었는데 양딸기를 보니 파워포인트까지 만들고 있었다.

왜 파워포인트를 했는지 궁금했다.

난 한 장의 도화지에 천왕성을 적었다.

다 완성하면 뿌듯할 것 같다.

김자두는 천왕성이 뭔가 멋져 보여서 천왕성을 골랐다고 했지?
그런데 뭐가 멋진지는 말을 못 하더구나.
'그냥 멋지다고, 천왕성이 그냥 하고 싶었다고……'
생각해 보면 이유를 꼭 말할 순 없지만 멋지고 사랑스러운 것들이 있단다.
바다, 하늘, 무지개, 밤하늘에 총총히 박혀 있는 별……..

이유를 말할 순 없지만 좋아하는 사람 한 명쯤은 마음속에 있다.

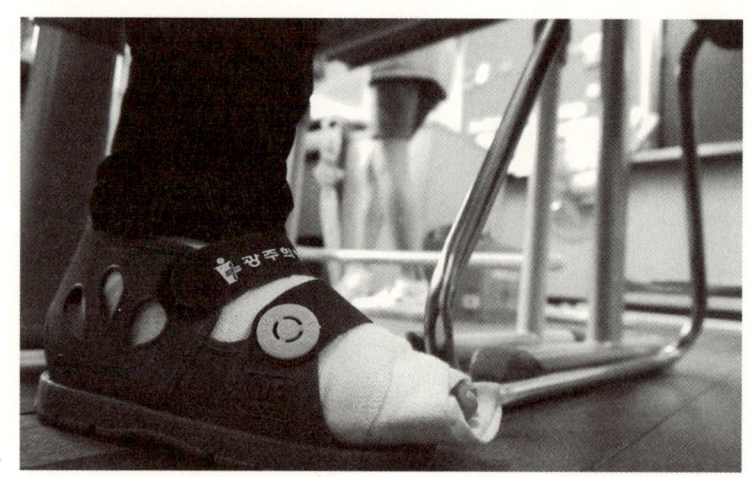

도둑이 경찰보다 낫구나.
경찰은 도둑도 못 잡고 계단에 넘어져 다리에 깁스를 했으니 말이다.
그나저나 날씨는 무더워지는데 깁스하고 다니면 불편하겠다.
다리가 다 나으면 그때는 꼭 '도둑' 하렴.

경찰과 도둑

정호박

중간놀이 시간에 레몬이가 우리에게 경찰과 도둑 놀이를 하자고
했다.

딸기는 안 했다.

그다음 경찰과 도둑이 결정됐다.

경찰은 나, 포도.

도둑은 레몬, 자두.

그렇게 경찰과 도둑 놀이가 시작되었고…….

한참 후 일이 생겼다.

바로 내가 좀 크게 다쳤다.

계단 14칸을 한 번에 뛰어내렸다.

뛰고 싶어서 뛴 게 아니라 발을 헛디뎠다.

그래서 보건실에서 얼음찜질을 하고 병원에 가서 깁스를 했다.

아기가 파랗다

김자두

1교시는 국어 시간이다.

오늘은 주어, 목적어, 서술어를 배웠다.

먼저 주어진 말을 보고 문장(주어+서술어)을 만드는 활동을 하였다.

책에는 "하늘이, 아기가, 코끼리가, 새가, 춤을, 자다, 파랗다, 학생이다, 물을, 날다, 우리는, 추다, 나는, 마시다, 하늘을"이라는 말이 적혀 있었다.

난 '아기가'와 '파랗다'가 눈에 들어왔다.

그래서 '아기가 파랗다'고 적었다.

"아기가 파랗게 되면 어떻게 돼?"라고 했더니 다들 깔깔거리며 웃었다.

선생님께서는 "응급실 가야죠." 하며 웃으셨다.

우리 반은 정말 웃음이 많은 행복한 교실인 것 같다.

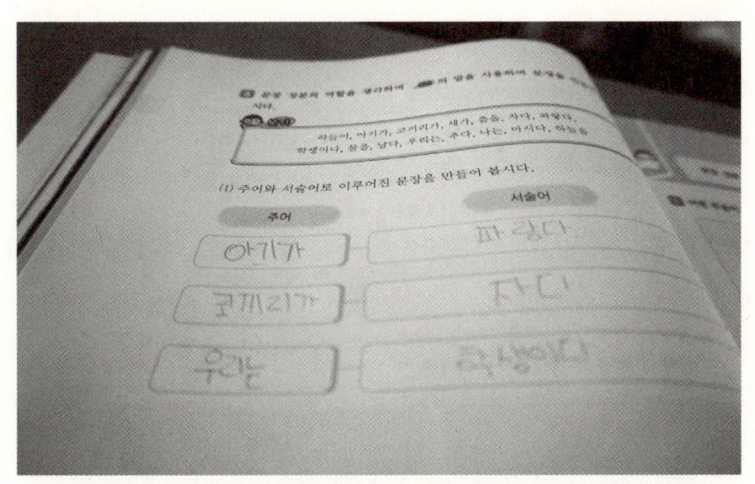

선생님이 예전에 본 '개구쟁이 스머프'에 나온 스머프들은 모두 파랬다.
다섯 손가락 친구들이 쓴 문장을 보니
'하늘을 마시다.' '코끼리가 하늘을 날다.' 등 재밌는 표현이 많더구나.
산꼭대기에 올라가면 하늘을 마실 수 있고,
날개 달린 코끼리는 하늘을 날 수도 있겠다.

미술 시간에 그린 과자봉지

양딸기

미술 시간에 과자봉지 그리기를 했다.

난 '초코칩쿠키'를 가지고 왔다.

자두는 '허니콘', 레몬은 '자일리톨 껌', 포도는 '불닭'을 가지고 왔다.

호박이는 안 가지고 왔다.

난 다 못 그렸지만 방과후교실을 마치고 교실로 돌아와 다 그리고
갔다.

언제나 미완성이었던 양딸기의 작품을 보고 항상 아쉬웠는데
이번 작품은 완성을 하고 갔구나. 끝까지 완성하고 집에 가고 싶었나 보다.
작품을 마치고 선생님께 자랑하던 양딸기의 미소가 눈에 떠오른다.

우리 학교 '지산이'

어제 오후부터 김 선생님이 보이지 않았다. 교무실에 갔더니 몸이 안 좋아 조퇴했단다.

'점심 먹을 때도 봤는데, 해맑게 웃고 있던데.'

다음 날 점심시간에 팝업(학교 SNS)이 도착했다.

"선생님들은 교무실로 모여 주세요."

무슨 일인지 궁금했다.

헐레벌떡 교무실에 갔더니 그곳에는 케이크와 아이스커피가 준비되어 있었다. 무슨 일이냐고 옆에 있는 한 선생에게 물어봤더니, 김 선생님 배에 아기가 생겼단다.

우리는 태명을 "지산이"라고 지어 줬고, 모두 축하해 주었다.

작은 학교에는 큰 학교에 없는 것이 있다.
모두를 가족처럼 아끼고 걱정해 준다.
작은 학교에는 정이 있고 사랑이 있다.
그래서 마음이 따뜻하다.
'지산아, 따뜻한 엄마 뱃속에서 무럭무럭 잘 자라렴.'

공벌레

"공벌레다."

공벌레를 동그랗게 말아서 반에 가져갔다. 빨리 친구들에게 보여 주고 싶었다.

자두는 신기하게 공벌레를 바라보았다.

다음엔 딸기에게 보여 주었다.

"공벌레 귀엽지?"

"아니."

딸기는 별 관심이 없었다.

포도는 공벌레를 보자마자,

"으~ 징그러워! 또 잡아 왔어?"

포도는 얼굴을 찡그렸다.

호박이에게도 공벌레를 보여 줬다.

"넌 이 공벌레가 불쌍하지도 않냐?"

호박이다운 말이었다.

공벌레를 페트병 뚜껑에 넣어 두었다.

난 잠시 방울토마토에 물을 주고 자리에 왔더니, 똥 같은 게 있었다.

"선생님, 공벌레도 똥을 싸요?"

"똥 싸죠."

그 사이에 공벌레는 똥을 또 쌌다.

1교시가 시작되고 6교시까지 공벌레와 함께 수업을 들었다.

집에 가는 길에 공벌레를 놓아주었다.

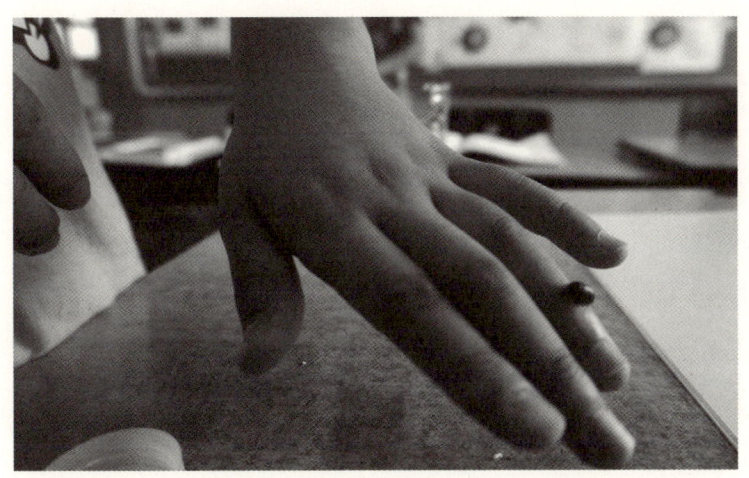

레몬이가 잡아 온 공벌레는 이제 공부박사가 되었겠다.
6시간 동안 함께 공부를 했으니 말이다.
집에 가는 길에 공벌레를 놓아주었으니
우리 학교 텃밭에 공벌레 학교가 생길 수도 있겠다.

살구나무

김포도

3교시는 텃밭 수업이다.

텃밭에서 수업 시작을 기다리는데 선생님께서 살구나무가 있는 곳으로 우리를 불렀다.

살구나무에는 잘 익은 살구가 주렁주렁 매달려 있었고, 선생님께서는 긴 막대기로 살구를 따고 계셨다.

"이거 너희들 하나씩 나눠 먹어라."

선생님께서 따 주신 살구를 반 쪼개어 먹어 보았다. 예상과 달리 속살은 달았다. 근데 껍질은 시었다.

그래도 맛있었다.

다음에 또 먹었으면 좋겠다.

살구나무엔 살구가 주렁주렁
사과나무엔 사과가 주렁주렁
포도나무엔 포도가 주렁주렁
다섯 손가락 마음속엔 사랑이 주렁주렁

걱정인형

지샘

카메라 하나 챙겨 54번 버스를 타고 가족들과 함께 대인야시장에 왔다.

먹음직스러운 잔치국수는 딸랑 2000원밖에 안 했다.

그리고 야시장엔 여러 가지 살 만한 물건들도 많았다.

딸은 클레이로 만든 3000원짜리 스프링 장난감, 아들은 500원짜리 '대박나세요' 스티커,

난 우리 반 호박이에게 줄 '걱정인형'을 샀다.

걱정인형은 래미예술학교(대안학교) 학생들이 직접 만들어 팔고 있었다. 걱정인형 케이스에는 다음과 같은 글귀가 적혀 있었다.

걱정인형은 과테말라 고산지대 인디언들이 만든 작고 화려한 민속인형입니다.

걱정이 많아 잠을 이룰 수 없는 사람들이 잠들기 전 자신의 걱정을 이 인형에게 이야기하고 그들의 베개 밑에 넣어 두고 자는 것이지요. 미국의 일부 메디컬 센터에서는 그런 병을 앓고 있는 아이들에게 치료용으로 사용하고 있습니다. 옛이야기에 따르면 그 인형은 걱정이 많은 사람들의 걱정을 대신해 주어 사람들을 편안하게 잘 수 있도록 해 주었답니다.

1. 걱정이에게 인사한다.

2. 걱정이에게 자신의 걱정을 호소한다.

3. 주인이 자는 동안 걱정이는 주인의 걱정을 대신해 준다.

4. 시간이 지나 걱정이가 사라지면 그 걱정은 이미 해결된 것이다.

난 정호박이 그동안 입고 있던 고통과 상처의 옷을
이제 벗어 버렸으면 좋겠다.
걱정인형에게 모두 맡기고 편히 지냈으면 좋겠다.

그동안 물도 주고, 주변에 잡초도 뽑아 주고, 땅도 갈아 준 보람이 있네.
자연은 우리가 노력한 만큼의 보답을 해 주는 것 같다.
이제 감자를 삶아서 맛있게 먹는 일만 남았구나.

감자 캐는 날

이레몬

감자 캐는 날이다.

생태 선생님께서 감자 캐는 법을 알려 주셨다.

호미를 들고 텃밭으로 들어갔다.

손으로 감자 줄기를 잡고 호미로 땅을 파다가 감자를 먹고 있는 쥐며 느리 두 마리를 발견했다. 너무 징그러워 "깍" 하고 소리를 질렀다.

6학년 언니 오빠들은 "우리 감자 많지?"라고 자랑하면서 우리 밭에 있는 감자까지 캐러 왔다.

다섯 손가락 별자리 프로젝트

김포도

과학 시간에 선생님께서 별자리 프로젝트를 한번 해 보자고 했다.

그래서 우리는 각자의 생일에 맞는 탄생별자리를 인터넷으로 검색하고 정보를 알아냈다.

탄생별자리에 대한 퀴즈 문제도 내고 그림도 첨부해서 프레젠테이션을 만들었다. 그리고 그것을 선생님께 메일로 보냈다.

선생님께서는 그것을 프린트해 주셨고, 우리는 2절지에 별자리 소개판을 만들었다. 유성매직으로 색칠하고, 파스텔로도 예쁘게 꾸몄다.

우리는 응모함도 만들어서 그곳에 '퀴즈 문제 답을 적어 응모하시오'라고 써 놨다.

학교 친구들이 문제를 푸는데 웃겨서 "키득키득" 웃었다.

몇몇 아이들은 "알려 줘!", "힌트 좀 줘!"라고 했지만 우리는 단호하게 "안 돼!"라고 말했다.

다른 친구들이 많이 응모해 주면 좋겠다.

별자리 프로젝트에 우리 학교 학생들 모두 참여했구나.
1학년 수줍이는 도서관에서 별자리 책을 찾아보고,
3학년 거만이는 힌트를 달라고 졸라 대고,
모두 함께 공부하는 것도 즐거운 일이다.

비가 억수같이 쏟아져서 갈까 말까 고민이 많았단다.
그래도 가니까 좋았다.
우리 반 친구들과 추억을 하나 더 만들 수 있었으니까.
근데 정호박이 오지 않아서 아쉬웠단다. 그렇게 가고 싶어 했는데.

못 갈 뻔한 천체 캠프

김자두

　오늘은 우리 반 친구들과 저녁에 광주교육과학연구원에 가기로 했다. 천체 관측을 하러 가기 때문이다.

　그런데 오후부터 비가 내리기 시작했다. 난 비가 오지 말라고 빌었다. 하지만 비가 많이 왔고 천체 캠프가 취소될 거라고 생각했다.

　선생님께 전화를 하려고 보니, 내 핸드폰은 고장 났고, 엄마 핸드폰에는 선생님 번호가 없었다. 그래서 포기하고 라면을 끓여서 먹으려 할 때, 한 통의 전화가 왔다.

　"기다리고 있으니 빨리 와라!"

　선생님 목소리였다.

　난 빨리 옷을 갈아입고 엄마와 함께 학교로 갔다. 당연히 라면은 못 먹었다.

　그런데 정호박이 보이질 않았다. 많이 아파서 못 온단다. 아쉬웠다.

　그래도 다행히 선생님, 친구들과 천체 캠프를 가게 되어서 기뻤다.

열 사람이 한 걸음씩 내딛는

구월

더불어 함께

우리는 경쟁 속에서 살아간다.
초등학교도 그래야 할까?
우리 학교는 정기적인 중간고사나 기말고사를
보지 않기로 했다.
또한, 한 줄로 줄 세우기 식의
각종 대회도 하지 않기로 했다.
더불어 함께
만들고, 꾸미고, 표현하고, 나누기로 했다.
그랬더니, 좀 더 행복해졌다.

벌거벗은 임금님

지샘

이렇게 흐린 여름 하늘에
편지를 쓰고 싶다.

벌거벗은 임금님처럼
아랫배가 나와도

누군가에게
손편지를 쓰고 싶다.
마음을 담고 싶다.

내가 쓴 글을 페친 양수희 선생님께서 캘리그래피로 적어 주셨다.
손편지를 쓴다는 건 정성을 다한다는 것이다.
그래서 정성으로 새긴 글씨엔 마음을 담을 수 있다.

벽화 그림 그리고 놀기

정호박

계단에 벽화 그림을 그렸다. 1교시에 시작해서 2교시에 끝났다.

그리고 3교시에 쫌 쉬는 시간을 주었는데, 그때 쉬지 않고 방아깨비를 잡았다.

그림을 그렇게 싫어하던 정호박이 이젠 쉬는 시간에도 그림을 그려 댄다.
그렇게 하라고 할 때는 안 하더니,
그림을 그리고 싶은 마음이 어디서 생겼는지 궁금하구나.
선생님한테만 살짝 말해 줄래.

선생님과 산책하기

정호박

점심을 먹고, 선생님과 단둘이 학교 주변을 산책했다.

"선생님, 오늘 청소하는 날 아닌가요?"

"호박이랑 산책 다녀와서 하면 돼."

그리고 학교에 새로 생긴 숲길을 걸었다.

산책이 끝나고 교실로 돌아와 선생님과 함께 청소를 시작했다.

정호박과 단둘이 산책하는 것도 오랜만이다.
이렇게 더운 날, 왜 긴팔을 입고 땀을 뻘뻘 흘리는 거냐?
선생님이랑 시원한 반팔 입고 시원하게 살자.

운동장에 나타난 참개구리

이레몬

밥 먹고 운동장에서 산책을 했다.

그때 갑자기 포도가 "오메야!"라며 소리쳤다.

난 놀라서 포도 있는 쪽을 보았더니 큰 개구리가 산책로 한가운데 있었다.

얼른 선생님을 불러 물어보았다.

"두꺼비예요, 개구리예요?"

선생님은 개구리라고 하셨다.

"이렇게 큰 개구리도 있어요?"

"그래."

그때 양딸기가 개구리에게 풀을 던지자, 개구리가 놀랐는지 폴짝 뛰어갔다. 엄청 멀리 뛰었다.

난 쫓아갔지만 선생님이 가지 말라고 해서 다시 돌아왔다.

알아보니 그 개구리는 '참개구리'였다.

오늘처럼 무더운 날, 참개구리 한 마리가 산책로 한가운데 서있었다.
우리가 근처에 가도 도망가지 않았다.
누구를 기다린 걸까. 아니면 갈 길을 잃어버렸나.

김오빠가 맨손으로 감자를 으깨서 속상했구나.
그래도 꾹 참고 맛있게 먹자.
우린 매연이 가득한 거리에서 팔고 있는 떡볶이와 오뎅 국물도 마시는데,
깨끗이 씻은 맨손이면 감자를 만져도 되지 않을까?

감자 샐러드 샌드위치

김포도

중간놀이 시간에 교실에 있는데, 선생님께서 나와 자두에게 친구들이 오면 과학실로 오라고 말씀하셨다. 그래서 과학실로 갔더니 선생님께서 급식실로 가자고 하셨다. 자리에 앉았는데, 옆에 샐러드 만드는 재료가 보였다. 물기를 털어 내고 앞에 놓았다. 그런데 선생님께서 우리 것이 아니라 유치원 친구들 것이라고 했다. 우리는 6학년하고 같이 한다고 했다.

우리들은 "아니, 왜요? 왜 맨날 6학년하고 같이 해야 하는 건데요?"라고 했고, 선생님께서는 "그야 너희들 수가 적으니까 그렇지."라고 말씀하셨다.

우리는 다 어이없어하는 표정을 지었다.

난 속으로 '수가 적은 게 무슨 죄인가?'라고 생각했다.

우린 빵과 오이를 썰었고, 6학년은 당근을 썰고 감자를 으깼다. 언니들은 주걱으로 으깼는데 김오빠는 손으로 으깼다. 그래서 나 자두 레몬 딸기는 "으, 나 안 먹어……."

난 정말 먹기 싫어졌다.

감자를 으깰 동안에 오이, 양파, 사과를 썰었다. 달걀도 까고 으깨서 넣었다. 재료들을 큰 그릇에 넣고 잘 섞이도록 했다.

다 만든 샐러드를 빵에 넣어 샌드위치처럼 먹었다. 맛있었다. 다음에는 5학년만 했으면 좋겠다.

우리 학교 앞에 인도를 설치해 주세요

지샘

컴퓨터 자판에 엔터키를 누른 순간 심장이 두근거렸다.
태어나서 지금까지 한 번도 '민원'이라는 것을 해 본 적이 없었다.
공무원이 '민원'을 내면 뭔가 큰일이라도 일어날 것 같았다.
나는 공무원이었다.

그리고 이틀쯤 지났을까?
교감선생님으로부터 메시지가 도착했다.
"선생님, 쉬는 시간에 잠깐 교무실로 와 주세요."
'무슨 일일까? 혹시 공문을 잘못 처리했나? 아님, 누가 사고를 쳤나?'
뒤숭숭한 마음으로 교무실에 갔다.
북구청에서 연락이 왔단다. 3시에 학교를 방문한단다.
난 교실로 달려가 다섯 손가락 친구들에게 이 사실을 알렸고, 모두
들 자신의 일처럼 초조해했다.

3시가 되었다. 북구청 도로교통과 직원과 교장, 교감선생님, 행정실
장, 교무부장님 그리고 나. 이렇게 교장실에 모였고, 학교 앞 인도에 대
해 많은 이야기를 나누었다.

도로 확장 계획이 있어 어렵다(옛날부터 했던 말이다).

보도 설치하고 가드레일까지 하려면 돈이 많이 드는데 이곳보다 급한 곳도 못 하고 있다(학교 앞부터 해야지).

학생들이 정문 쪽으로 통학하지 않으니 괜찮다(그래도 일부 학생들은 그 쪽을 다닌다. 그리고 시민들도 생각해야지).

결국 인도 설치는 실패로 끝났고, 방지턱과 횡단보도의 벗겨진 페인트를 다시 깨끗하게 칠해 주는 걸로 마무리되었다. 이제 이 사실을 우리 반 친구들에게 알려 줘야겠다. 많이 실망할까?

국어 시간에 주장하는 글쓰기를 하다가
'학교 앞에 인도가 있었으면 좋겠다'고 누군가 말했다.
우린 다 같이 힘을 모아 대자보를 만들었고
그 내용을 북구청 민원실에 제출하였다.
공부가 곧 삶이라는, 우리의 힘으로 무엇인가를 바꿀 수도 있고,
공부가 곧 희망이 될 수도 있다는 생각을 해 보았다.

꽃의 이름을 찾아보니 '금계국'이었단다.
예쁜 꽃을 함부로 따면 안 되지만 과학 수업에 사용해야 하니 어쩔 수가 없구나.
그래도 자두가 따 간 꽃은 행복했겠다.
함부로 버려지지 않고 쓸모 있게 사용되었으니 말이다.
무엇이든 함부로 버리지 말아야겠다. 그게 사람이든, 물건이든, 마음이든.

9시 13분에 사망한 꽃

김자두

오늘 1교시는 과학이다.

과학 중에서도 식물에 대해 알아보는 시간이다.

선생님이 꽃을 하나 꺾어 오라 하셨다.

난 그래서 학교 주위를 둘러보다 마음에 드는 꽃을 발견했다.

과학실로 돌아가 그 꽃을 가지고 겉부터 속까지 하나하나 떼어 냈다.

그때마다 꽃이 '아야! 아파!' 하는 것 같아서 막 떼진 못했다.

그래도 이해해 줄 거라 믿는다.

날 위해 희생해 준 꽃 덕분에 실험을 잘할 수 있었다.

과학실에서 사망한 꽃 825642854968호.

9시 13분 사망.

두근두근 높이뛰기

김포도

체육 시간에 높이뛰기를 하기로 했다.

먼저 체조를 하고 체육실로 들어가서 준비물을 가지고 나왔다. 선생님께서 매트를 꺼낼 때 나도 도와 드렸다.

이제 높이뛰기를 시작한다. 처음은 60cm부터 시작했다.

순서는 나, 자두, 딸기, 레몬, 정호박 순서였다. 6학년도 번호 순서였다. 호박이는 다리가 아프다며 하지 않았다.

제일 먼저 내가 했는데 나는 뛰어가다가 멈췄다. 조금 무서웠다. 그래도 다시 한 번 뛰어서 넘었다. 그다음은 자두, 레몬, 딸기 모두 성공했다. 호박이는 안 뛰는 대신에 기록을 쟀다.

6학년까지 모두 마치자, 선생님은 막대 높이를 70cm로 올렸다.

70도 뛰었다. 그다음 75, 80을 뛰었다.

마침내 85에서 난 걸려 버렸다.

'젠장.' 꼭 넘고 싶었는데.

그래서 한 번 더 도전했다. 성공이다.

이번엔 90cm를 뛰었는데 다리가 걸려 버렸다. 그 뒤로 자두, 딸기, 레몬이도 실패했다.

그래도 내 기록에 만족한다.

힘껏 달려오다 긴 막대와 마주하면 정말 긴장되겠다.
낮은 막대는 곧잘 뛰어넘었는데, 높은 막대와 마주하면 심장이 두근거리겠지.
그래도 포기하지 않고 폴짝 뛰어 보자.
걸리면 어때, 또 넘으면 되는 걸.

학교가 이래서 좋다, 학교가 이랬으면 좋겠다

지샘

오늘은 다모임*이 있는 날이다. 3~6학년 학생들이 오랜만에 한자리에 모였다.

'우리 학교가 이래서 좋다, 우리 학교가 이랬으면 좋겠다'를 주제로 이야기를 나누었다.

회의 결과는 이랬다.

〈우리 학교가 이래서 좋다〉	〈우리 학교가 이랬으면 좋겠다〉
1. 운동장에 꽃밭이 있어서 좋다.	1. '한 번 주면 땡!'이라는 말을 안 했으면 좋겠다.
2. 조용히 공부할 수 있어서 좋다.	2. 쉬는 시간이 더 많았으면 좋겠다.
3. 선생님이 친절해서 좋다.	3. 학교 앞에 문구점이 생기면 좋겠다.
4. 다 같이 소풍 갔던 것이 좋았다.	4. 운동장에 야구 베이스를 설치하면 좋겠다.
5. 텃밭이 있어서 좋다.	5. 학교 안에 수영장이 있었으면 좋겠다.
6. 큰 강당이 있어서 좋다.	6. 체육 시간이 더 늘었으면 좋겠다.
7. 정자가 있어서 좋다.	7. 야구부가 생겼으면 좋겠다.
8. 체육을 많이 해서 좋다.	8. 큰 나무가 있었으면 좋겠다.
9. 벽화에 그림을 그려서 좋다.	9. 2층에 화장실과 정수기가 있었으면 좋겠다.
10. 급식이 맛있어서 좋다.	10. 정문 앞에 인도가 생겼으면 좋겠다.
11. 운동장이 넓어서 좋다.	11. 학교에서 동물을 키웠으면 좋겠다.
	12. 학교에 그네가 있었으면 좋겠다.
	13. 학교가 안 변했으면 좋겠다.
	14. 마을을 돌아볼 수 있는 산책로가 있었으면 좋겠다.
	15. 어린이 협의실을 만들면 좋겠다.
	16. 보드게임이 더 많이 있으면 좋겠다.
	17. 학교에 PC방이 생기면 좋겠다.
	18. 봉사활동을 할 수 있는 곳이 있으면 좋겠다.
	19. 동아리를 더 만들면 좋겠다(스포츠, 드럼 등).
	20. 콩콩이가 설치되면 좋겠다.

학생들은 지금 학교가 좋으면서도 바라는 게 참 많다. 그중 다수결로 세 가지를 뽑아 보았다.

1. 학교 앞에 문구점이 있으면 좋겠다.
2. 학교 안에 수영장이 있으면 좋겠다.
3. 정문 앞에 인도를 설치하면 좋겠다.

이제 결정된 내용을 여러 선생님들과 함께 논의해야 한다. 난 좀 더 현실적인 요구가 있었으면 했지만 학생들의 의견을 그대로 존중해 주었다.

선생님들이 친절해서 좋았단다. 기특한 녀석들이다.
그리고 학교가 안 변했으면 좋겠단다.
20년 후에 다시 찾아와도 변함없이 나를 맞이해 주면 좋겠단다.

• 학생자치활동의 모임을 말한다. 첫 번째 의미는 차를 마시며 이야기를 나눈다는 것이고, 두 번째 의미는 모두 모여 함께 토의하고 결정한다는 뜻이다.

점심을 먹고 정자에 함께 모여 오순도순 간식을 나눠 먹으니
가족 같다는 생각이 든다.
내 것을 나누어도 아깝지 않고,
반나절을 같이 보내고도 함께 있고 싶다면
우린 가족이다.

점심시간 뿌셔뿌셔

이레몬

아침에 마트에 가서 '미니뿌셔'랑, '뿌셔뿌셔'를 샀다.

난 '뿌셔부셔'를 선생님께 드리고 친구들에게는 '미니뿌셔'를 주었다.

선생님께서는 점심 먹고 나서 정자에 앉아 함께 먹자고 하셨다.

그렇게 1교시, 2교시, 3교시, 4교시를 지나, 점심을 먹고 정자에 도착해 돗자리를 깔았다.

정자에 모여서 간식을 먹고 있는데 어디선가 고양이 한 마리가 나타났다. 우릴 빤히 바라보았다. 우리가 먹는 걸 먹고 싶은 것 같았다.

그때 선생님께서 뿌셔뿌셔 한 조각을 고양이에게 던져 주셨다. 고양이는 뿌셔뿌셔 한 조각을 다 먹고 그늘로 가서 벌러덩 누웠다.

포도와 자두는 고양이 가까이 가더니 고양이가 움직이면 "술래가 움직였다!" 하고 뒤로 도망갔다. 그러는 동안 선생님, 나, 딸기는 정자에 누워서 '뿌셔뿌셔'를 다 먹어 가고 있었다.

그걸 보던 호박이가 웃으면서 "가족 같아요."라고 했다.

그 말을 들은 선생님께선 "우린 가족이잖아."라고 하셨다.

시간은 가고 고양이도 가고, 우린 돗자리를 개고 손을 씻은 후 교실로 들어갔다.

정자에 나타난 고양이

김자두

점심을 먹고, 다 함께 정자로 갔다.

우린 레몬이가 가져온 뿌셔뿌셔 과자를 함께 먹었다.

한참 먹고 있는데 고양이 한 마리가 점점 우리에게 다가왔다. 자세히 보니 며칠 전부터 우리 학교를 돌아다니던 고양이다.

선생님과 어른들은 병든 고양이라고 했다. 그래서 "만지지 마라, 정 주지 마라, 먹을 거 주지 마라."라고 하며 고양이와의 만남을 일체 금지하였다.

보통 고양이는 사람을 피하는데 이 고양이는 사람을 피하기는커녕 오히려 우리에게 다가온다. 그래서 난 고양이와 놀기로 했다.

선생님은 하지 말라고 했지만 난 계속 놀았다.

처음에는 다가가서 냥~ 냥~, 그다음엔 '무궁화 꽃이 피었습니다'까지 함께 했다.

"만지지 마라, 정 주지 마라, 먹을 거 주지 마라."
그래도 만지고 싶고, 정 주고 싶고, 먹을 거 주고 싶은데 어쩌란 말이야.

새 다리 두 다리, 곰 다리 네 다리

양딸기

점심을 먹고 1학년 애들을 만났다.
1학년 애들이 손가락으로 뭘 하고 있어서 알려 달라고 했다.
그래서 그게 '새 다리 두 다리, 곰 다리 네 다리'인 걸 알았다.
나는 천천히 하는 것밖에 못 하는데 1학년들은 정말 빨리했다.
정말 신기했다.

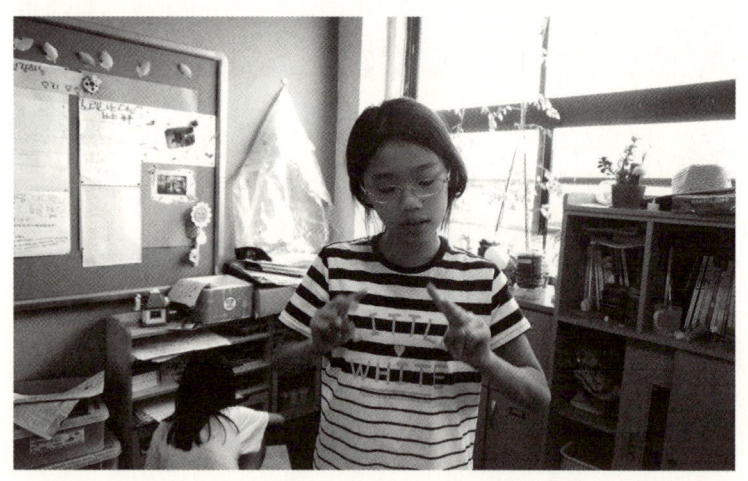

새 다리가 두 다리이고 곰 다리가 네 다리인 건 모두 아는 사실인데,
그걸로 놀이를 만들어서 한다는 게 참 신기하네.
양딸기의 손가락 놀리는 속도도 만만치 않던데.
자꾸 하다 보면 익숙해지나 보다.

이름 골든벨

양딸기

아침부터 전교생이 강당에 모여 이름 골든벨을 했다.

정호박은 올해 전학을 와서인지 우리 학교 학생들 이름을 잘 알지 못했다. 그래서 뒤쪽 의자에 앉아 있었다. 난 중간에 모르는 이름이 있어 떨어졌지만 패자부활전에서 다시 살아났다.

한참을 하다가, 자두, 레몬, 나, 포도 순으로 다시 떨어졌다.

우승은 조언니와 조언니 동생, 그리고 허언니, 이렇게 3명이다.

우승상은 미니 선풍기였다.

이름을 기억해 주고, 불러 준다는 건 그만큼 마음이 있다는 거겠지.
우린 전교생이 80명 정도 되니, 마음만 먹으면 이름을 모두 외울 수도 있겠다.
"저기 빨간 모자."라고 부르는 것보다, "딸기야!"라고 부르는 게 훨씬 정이 가겠다.

다모임에서 결정된 안건을 교장실에서 함께 나누었다.
'이건 해 볼 만하다, 이건 이래서 안 된다'는 그런 이야기들이 오고 갔다.
학생들이 자발적으로 학교의 운영에 참여한다면,
그리고 그들의 의견이 반영된다면,
학생이 주인공이 되는 학교가 되겠다.

다모임 회의 결과 나누기

김포도

밥을 먹고 교장실에 갔다. 복도에는 다모임 회장인 김오빠와 부회장인 허언니가 먼저 와 있었다.

난 오늘 교장실이 처음이다. 설렜다. 들어가 보니 우리 반처럼 반 칸이다.

먼저 김오빠가 말을 꺼내고 그다음 교장선생님께서 대답해 주셨다.

첫 번째 요구 사항인 문구점을 설치해 달라는 내용은, 문구점이 학교의 것이 아니라 개인의 이익과 관련되는 것이므로 학교에서 해 주기는 어렵다고 하셨다.

두 번째 요구 사항은 수영장을 설치해 달라는 것이다. 이것 역시 수영장을 지으려면 넓은 땅도 필요하고 돈도 들어서 어렵다고 하셨다.

그리고 "광주에 수영장이 있는 초등학교가 있는데 그 학교 학생들이 마음대로 쓰는 곳이 아니고, 여러 학교들이 함께 쓴단다."라고 말씀하셨다.

마지막으로 학교 정문에 인도를 설치해 달라는 요구는 5학년에서 이미 북구청에 건의를 했으나 반영되지 않았고, 그 대신 횡단보도와 어린이보호구역 도색작업을 해 준다니 기다려 보자고 말씀하셨다.

교장선생님께서는 다모임 회의 결과 중, 운동장에 야구 베이스를 설치하는 것과 어린이 협의회실을 마련하는 것은 함께 노력해 보자고 하셨다.

출장 다녀온 날

STEAM 교사연구회 워크숍이 서울교육대학교에서 열렸다. 어쩔 수 없이 학교 수업을 못 하게 되었고, 교과 전담 선생님께 우리 반을 잘 봐 달라고 부탁했다.

서울은 역시 멀었다. 아침 6시 버스로 출발해서 도착한 시간은 10시 30분이었다.

오전에는 강의를 듣고, 오후에는 선생님들이 자기 연구회가 추진하는 올해의 계획을 발표했다.

그중 누군가가 감성 프로젝트에 관한 이야기를 했고, 공립 대안학교에 계시는 어떤 선생님이 학습 내용보다는 관계가 더 중요하다고 말씀하셨다. 학생들과의 따뜻한 관계, 진실한 관계가 이루어지면 학생들은 잘 따라올 거라고 했다.

예전에 이 선생님은 정말로 말을 듣지 않는 어떤 학생에게 "너 때문에 정말 죽고 싶다."라고 말했고, 그 학생은 "선생님, 정말 죽고 싶다는 게 뭔지 아시나요?"라고 말했단다.

둘은 3시간 동안 울면서 이야기했단다.

그리고 이 학생이 졸업하는 날 선생님께 이렇게 말했단다.

"선생님 덕분에 편하게 학교 다닐 수 있었어요."

광주로 오는 내내 이 말이 귓가를 떠나지 않았다.

그리고 다음 날 출근하여 교실 문을 열었다. 그리고 칠판을 바라보았다.

부족한 선생님을 기다려 줘서 고맙다.
선생님이 있어서 행복하다는 말에 감동받았다.
난 너희들, 깜찍한 다섯 손가락 덕분에 정말 행복하단다.

신나는 물총놀이

김자두

체육 시간이 5교시에 들어 있다. 하지만 평범한 체육이 아니다. 바로 물총놀이이다. 물총놀이는 아무나 생각하는 게 아니다.

선생님들은 물에 젖을까 봐 아무도 막 하지 못하는 그 물총놀이를 우리 반 선생님과 같이 하기로 했다. 그리하여 밥을 먹고 시간이 흘러 1시가 되었다.

원래 5교시는 1시 10분에 하는 것인데 우리가 너무 졸라 1시에 운동장으로 나갔다. 나가자마자, 물을 장전하였다. 하지만 딸기는 갈아입을 옷을 안 가지고 와서 안 한다 그랬다.

우린 팀을 짰다. 나랑 레몬, 포도가 한 팀, 선생님과 호박이가 한 팀이 됐다. 물총에 머리를 맞으면 지는 걸로 해서 시작하였다.

나와 레몬, 선생님은 물총 대신 분무기로 하였고 포도와 호박이는 집에서 물총을 가지고 와서 하였다. 특히 호박이의 물총은 대박 멀리 나갔다.

선생님은 원래 느릿느릿 차분차분하며 다니셨는데 물총놀이 할 때는 완전 칙칙폭폭 달리셨다. 선생님께서 그렇게 뛰는 걸 보고 깜짝 놀랐다.

난 온몸이 물에 젖었는데 선생님은 별로 안 젖은 것 같았다.

이럴 줄 알았으면 선생님을 더 맞출 걸 그랬다.

선생님은 말이야.
원래 느리고 천천히 행동하지만 필요한 순간엔 번개맨이 되지.
느리고 천천히 행동하면 생각을 많이 하게 되고 쉽게 다치지도 않아.
그래서 좋은 점도 많아.

우린 한여름 밤에 꿈을 이루었다.
그 꿈은 너희들이 그토록 원하던 삼겹살 파티.
온 식구들이 함께 모여 장기자랑을 보고,
밥을 나눠 먹으니 정말 가족 같다.

한여름 밤의 꿈

이레몬

학교 수업이 끝나고 집에 갔는데 오후에 소나기가 엄청 내렸다. 그럼에도 난 아빠랑 택시를 타고 학교에 갔다. 왜냐하면 우리 반에서 '한여름 밤의 꿈'을 하기 때문이다.

교실에 들어가니 선생님, 양딸기, 정호박이 먼저 와 있었다.

아빠는 의자에 앉고 난 내 자리에 앉았다.

그때, 정호박 엄마가 오셨다. 정호박 엄마는 우리 학교 도서실 선생님이시다. 호박이 엄마 손에는 전기밥솥이 들려 있었다.

난 전기포트에 물을 반쯤 채우고 호박이 엄마에게 가져다 드렸다.

"왜 물을 끓이세요?"

"밥 지을 때 쓸 거야. 물이 따뜻하면 밥을 빨리 지을 수 있어."

그렇게 밥이 되어 갔고, 자두네 식구들이 도착했다.

우리들이 장기자랑을 발표할 시간이 되었다. 포도는 늑대 이야기를 들려줬고, 자두는 숭례문을 파워포인트로 설명해 주었다. 그다음에 정호박이 영어 동화를 읽어 줬고, 나와 우리 반 여자 친구들은 리코더 합주를 하였다. 두 곡을 했는데, '왈츠'랑 '나무의 노래'를 했다.

그다음엔 선생님께서 1학기 교육 활동을 말씀해 주셨다.

도서실로 가서 삼겹살을 구워 먹었다. 다 먹고 나니 정호박 아빠가 아이스크림을 사 오셨다. 그걸 먹으며 집으로 향했다.

출동! 꼬마 과학자

정호박

그놈의 메르스 때문에 연기되었던 과학 캠프가 시작되었다.

우리 부스는 바로 '비눗방울아, 날아라!'이다.

우린 두 조로 나누었는데 한 조는 부스를 설명하고, 다른 조는 다른 부스를 체험했다. 그리고 시간이 지나면 교대하기로 하였다.

난 먼저 다른 부스를 체험했다. 그러나 쉽사리 하진 못했다. 돌봐야 할 1, 2학년 애들이 있어서……. 그래도 잘 챙기려는 마음이 있어서 먼저 물어보았다.

"어디 먼저 갈까?"

"형, 나 에어로켓 가고 싶어."

이렇게 계속 묻고 답했다.

열 손가락 동생들 챙겨 주느라
정작 호박이가 하고 싶은 과학 체험은 많이 못 했지만
그래도 얻는 게 하나 있지. 동생들의 마음.
호박이를 따라다니며 좋알대던 동생들이 있어 오늘 하루 행복했겠다.

작은 음악회

김포도

오늘은 작은 음악회를 하는 날이다. 그래서 1교시부터 전교생이 강당에 모였다.

먼저 이름 골든벨을 하였다. 계속 문제를 풀다 보니 5학년은 나만 남아 있었다.

다음 문제는 새로 오신 행정실장님이었다. 선생님께서 힌트를 주셨지만 아쉽게도 탈락했다. 그래도 난 만족한다. 이제 남은 사람은 허언니, 조언니, 우영이 이렇게 3명이 살아 있었다. 우영이는 2학년인데 참 대단했다.

이름 골든벨이 끝나고 작은 음악회가 시작되었다. 사회는 다모임 회장인 김오빠와 부회장 허언니가 했다.

처음 순서는 3, 4학년의 리코더 합주였다. 합주를 시작하려는데 코피가 나왔다. 그래서 화장실로 가서 휴지로 코를 막은 다음 강당에 계신 보건 선생님께서 지혈을 해 주셨다.

8번째인 해금 공연이 시작되었다. 해금은 한 줄인데 여러 가지 음을 낸다는 게 신기했다. 그리고 해금 연주가 끝나고 드디어 마지막 무대인 우리 차례가 되었다.

난 사물놀이였다. 자두도 있었다. 난 꽹과리, 자두는 장구를 했다.

난 처음에 실수를 약간 했다. 많은 사람들 앞에서 하니까 연습할 때

와는 다르게 많이 떨렸다. 중간쯤 가니 좀 적응이 되었다. 사물놀이를 끝으로 작은 음악회도 막을 내렸다.

참 재미있었다. 밥을 다 먹고 학부모께서 '설레임'을 하나씩 나눠 주셨다. 정말 맛있었다.

좀 일찍 끝나서 허전했지만 그래도 방학식 하루 전에 이렇게 기쁜 날이 있어서 좋았다.

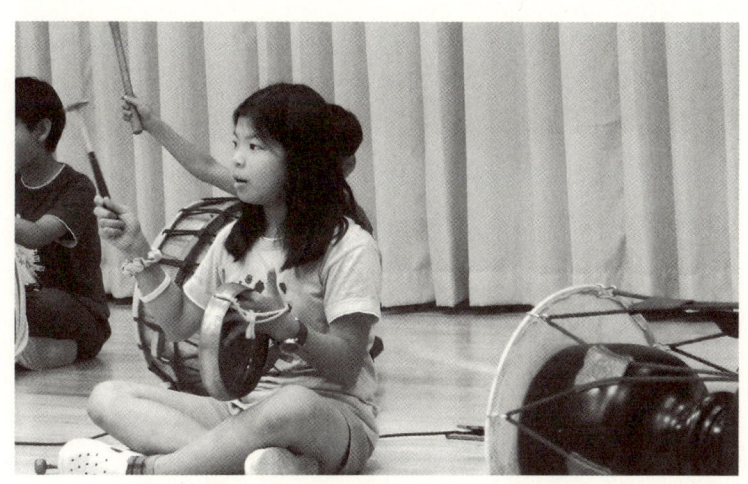

많은 사람들 앞에 선다는 건 언제나 두근거리는 일이다.
그래서 실수할 때도 있지.
그래도 한 번씩은 두근거리고 설레는 게 좋다.
그래야 또 다른 세상으로 들어갈 수 있으니까.

102일.

이렇게 1학기가 마무리되었다.

다섯 손가락과 함께 성장했던 지난 5개월이 주마등처럼 스쳐 지나간다.

모두들 건강하자,

그리고 2학기 때 다시 만나자.

친구를 다시 생각하는

9월

나눔

누군가에게
내 걸 나눠 준다는 것은
그 사람에게
마음도 준다는 것이다.

락커룸 키는 어디에 있을까?

지샘

다섯 손가락 친구들과 수영장에 갔다.

앞으로 2주 동안 수영을 배울 수 있다니 참 복 받은 아이들이다.

수영 첫날, 수영을 모두 마친 학생들은 햇살이 비추는 바깥에 나와 머리카락을 말리며 수다를 떨었다. 다른 학년 학생들이 다 나오진 않았지만 난 먼저 우리 반 아이들을 데리고 버스에 탔다. 그런데 한참을 기다려도 나머지 학생들이 오지 않았다.

잠시 후, 교감선생님께서 걱정스러운 표정으로 버스에 올라오시며 "선생님, 혹시 15번 락커룸 키 보셨나요?" 하셨다.

난 옆에 앉아 있는 정호박을 바라보았다. 정호박은 나를 바라보고 있었다.

그랬다. 15번 락커룸 키는 내 가방 속에 있었다.

락커룸 키를 들고 정신없이 버스를 뛰쳐나갔다.

저 멀리 보이는 학생들은 저마다 한마디씩 불평하며 가방을 뒤지고 있었다.

미안한 마음으로 한 손에 키를 쥐고 수영장으로 뛰어갔다.

중간에 만난 정 선생님은 뭐가 재밌는지 깔깔대며 웃고 있었다.

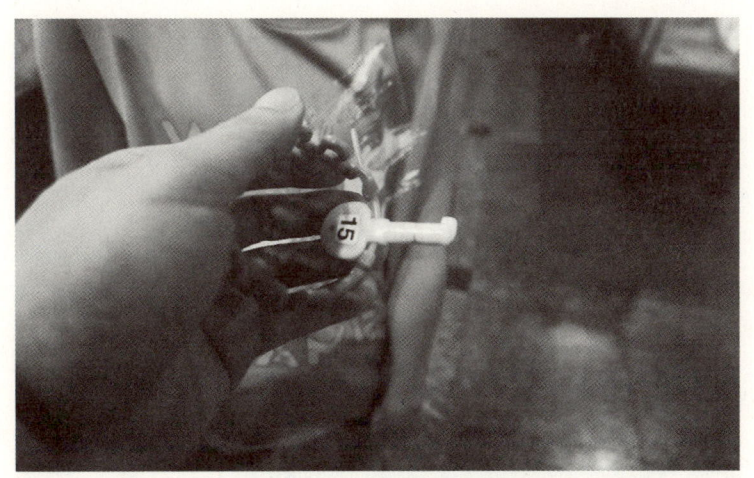

나이가 들었나 보다. 맨날 깜빡하니 말이다.
그래도 재밌게 웃어 주는 정 선생님과 학교로 돌아와 교무실에 왔더니
"샘, 뭔가요?"라며 즐거워하시는 우리 학교 선생님들 덕분에 덜 창피했다.
그냥 웃어 줘서 고마웠다.

개학한 날

양딸기

오늘 개학을 했다.

개학하는 날은 기분이 좋다.

아마 오랜만에 친구들과 선생님을 만날 수 있어서 그런 것 같다.

2학기 새 책을 받았다. 새 책을 받으니 기분이 좋았다.

숙제도 해야 한다.

이제 또 시작이다.

얼굴이 새까매지고, 약간은 달라진 모습에 어색했지만
금방 다시 익숙해지는 건 우리 모두 서로를 그리워하고 있었다는 증거다.
새롭게 시작하자, 열심히 살자.
그리고 다 끝났을 때 '야호!' 하고 신나게 외쳐 보자.

도전! 수영의 달인

김자두

    오늘부터 점심 먹고 매일 두 시간 씩 첨단스포츠센터 수영장으로 간다. 우리는 놀러 간 게 아니라 수영을 배우러 가는 것이다.

    수영장에 도착해서 코치님을 만났다.

    "반갑다."라는 외침이 수영장에 울려 퍼졌다.

    킥판 잡는 법, 팔 돌리는 법을 배웠다.

    처음에는 킥판을 잡고 했지만 나중에는 킥판 없이 해 보았다.

무엇이든 꾸준히 열심히 하면 안 되는 게 없단다.
수영도 처음에는 못할 것 같지만 꾸준히 노력하다 보면
나중엔 킥판 없이 자유형, 배영도 할 수 있겠다.
그럼 물에 빠져도 걱정하지 않겠다.

2학기 다모임 선거

정호박

지샘 호박아! 오늘 다모임 선거를 했는데 다모임이 무슨 뜻인지
    아니?

호박 몰라요.

지샘 몰랐구나. 다모임은 많은 학생들이 모인다는 뜻이야. 알겠지?

호박 그렇군요.

지샘 혹시 오늘 누굴 찍었는지 말해 줄 수 있니?

호박 투표는 비밀투표니까 비밀이에요.

지샘 호박이가 투표의 원칙에 대해 잘 알고 있구나. 그럼, 오늘 당선
    된 다모임장에게 바라는 게 있다면 뭘까?

호박 음, 공약을 잘 지켜 줬으면 좋겠어요.

지샘 공약이 뭔데?

호박 음…… 기억이 안 나요.

2학기가 시작된 지 4일 만에 다모임장을 뽑는 투표를 했다.
민주시민으로서 가장 중요한 책임은 투표가 아닐까? 생각해 본다.
후보로 나선 6학년 언니, 오빠들이 공약을 잘 지켜 줬으면 좋겠다.
그래야 투표할 맛이 나겠다.

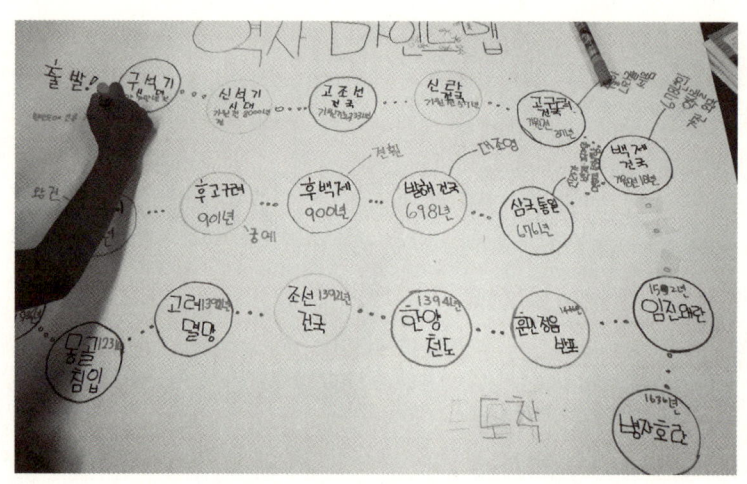

우리나라의 역사를 마인드맵으로 정리하니 역사가 한눈에 보이는구나..
우리가 앞으로 배울 사회 시간은 지금으로부터 70만 년 전
구석기시대부터 출발하여 병자호란으로 막을 내리게 된다.
제대로 배워서 제대로 된 역사를 기억하자.
누가 물어봐도 떳떳하게 말하자.

역사 마인드맵

김포도

어제부터 역사 마인드맵을 만들기 시작했다.

먼저, 선사시대부터 조선시대까지 역사의 변화를 동그라미에 넣어 차례대로 나타내었다.

동그라미는 모두 19개였다.

우리는 각자 4개씩 나누어 주요한 사건과 발생한 연도를 적기로 하였다.

자두는 도서관에서 책을 빌려 와 마인드맵에 넣을 정보를 찾기 시작했다.

난 역사가 재밌다. 이번 5학년 2학기 사회는 모두 역사로 이루어져 있다.

역사는 재미있지만 가르치는 선생님에 따라 재미가 달라진다.

물론 지금은? 재밌다.

생일 파티

이레몬

내 생일 파티를 했다.

선생님께서는 어디선가 몽쉘(초코파이 종류) 6개를 가져오시더니 그 위에 Happy Birthday 초를 올려놓으셨다. 그리고 우리는 모두 함께 생일 축하 노래를 불렀다.

생일 축하 노래가 끝나고 친구들이 선물을 주었다.

선생님께서는 머리띠, 스카프, 머리끈을 주셨고, 선물가방에는 편지도 함께 있었다.

다음은 자두 선물을 뜯어보았는데 종이가 많이 들어 있었다. 먼저 파우치가 보였다. 파우치를 열어 보니 안에 또 선물이 있었다. 풍선, 작은 토끼 인형, 핀 만들기, 휴지가 들어 있었다.

"김자두, 휴지는 왜 넣었어?"

"이것도 선물이야."

자두가 웃으며 대답했다.

그리고 포도 선물을 열어 보니 칸쵸, 소시지 2개가 들어 있었다.

딸기 건 선물 포장이 너무 예뻐서 핸드폰으로 사진을 찍은 다음 뜯어보았다. 열어 보니, '안녕, 자두야'라는 글이 적힌 수첩이었다.

마지막으로 정호박의 선물은 제주도산 초콜릿이었다. 또 정호박은 우리 반 여학생 모두에게 돌하르방 자석도 주었다.

그렇게 생일 파티가 끝났다. 물론 몽쉘도 먹었다.

먼저는 나를 낳아 주시고 길러 주신 부모님께 고마워하고
다음은 나를 가르쳐 주시는 선생님,
옆에서 나를 아껴 주는 다섯 손가락 친구들에게 고마워하자.
고마움이 쌓이다 보면 고마운 세상이 되겠다.

나눔의 또 다른 이름은 사랑

지샘

전교생이 오랜만에 강당에 모두 모였다. 그래 봤자 딱 83명이다.

학생들은 열 손가락 모둠으로 나뉘어서, 나눔 슬로건과 나눔송을 만들기 시작했다. 방학 과제로 내 준 거라 여기저기서 재잘거린다. 그 소리가 귀엽다.

열 손가락이 만든 나눔 슬로건은 다양했다.

'나눔 열차로 행복 속도 두 배.'

'나눔은 행복의 씨앗.'

'조금의 나눔 다른 사람에게는 큰 기쁨.'

전교생이 열 손가락 모둠에서 만든 슬로건을 살펴보고, 가장 마음에 드는 슬로건 앞에 줄을 서기로 했다. 일찍 자리 잡고 앉아 있는 친구들, 갈팡질팡하는 친구들, 망설이다 자리를 바꾼 친구들.

잠시 후, 하나의 나눔 슬로건이 결정됐다.

'나눔의 또 다른 이름은 사랑.'

다음 날, 아침 일찍 학교에 도착해 교실이 있는 2층으로 올라갔다. 2층 복도에서 이레몬이 열심히 뭔가를 빨고 있었다.

"아침부터 뭐 하고 있니?"

아무 말 없이 웃기만 했다. 교실 안으로 들어갔더니, 칠판이 반짝반짝 윤이 났다. 아마 이레몬이 칠판을 닦았나 보다.

그리고 내 책상에는 '쫀득이'*가 놓여 있었다.

오후에 수영장에서 먹으려고 아껴 두었던 쫀득이를
그때까지 참지 못하고 쉬는 시간에 먹어 버렸다.
이레몬은 어떤 마음으로 아침 일찍부터 칠판을 닦고,
선생님 책상 위에 쫀득이를 올려놓았을까?
아마 선생님과 친구들을 사랑하는 마음이겠지.
그래서 나눔의 또 다른 이름은 사랑인가 보다.

• 구멍가게에서 주로 판매하는 불량식품.

그래도 열매가 열려서 다행이다.
한 개도 열리지 않았다면 얼마나 실망했겠니?
'방울토마토야 정말 고마워.'

생을 마감한 방울토마토

김포도

내가 그동안 정들여 키운 방울토마토를 아침에 따 먹기로 했다.

한 5개월 정도 키웠는데 열매는 딸랑 하나만 열렸다.

그래서 엄청 아껴 두던 거였다.

손을 쭉 뻗었다.

마음속으로 '방울토마토야 정말 미안해'라로 말하며 열매를 땄다.

그리고 입안에 넣었다.

난 신맛이 날 줄 알았는데 예상과 다르게 무척 달고 맛있었다.

'이런 토마토라면 100개도 먹을 수 있겠다.'

진짜 맛있었다.

페놀프탈레인 용액이 귀신처럼 산성 용액을 알아보는 게 신기하다.
사람도 그럴까?
겉으로는 물처럼 투명해 보여도 마음속을 아는 방법이 있을 거다.
사람도 마음속에 있는 성질은 쉽게 바뀌지 않으니까.

신기한 용액

양딸기

과학 시간에 지시약을 이용해서 산성과 염기성을 구분하는 걸 배웠다.

푸른색과 붉은색 리트머스 종이에 여러 가지 액체를 한 방울씩 떨어뜨려 보았다.

묽은 염산을 푸른색 리트머스 종이에 떨어뜨렸더니, 붉은색으로 변하였고, 묽은 수산화나트륨 용액을 붉은색 리트머스 종이에 떨어뜨렸더니, 푸른색으로 변하였다.

푸른색 리트머스 종이가 붉은색으로 변하면 산성용액, 붉은색 리트머스 종이가 푸른색으로 변하면 염기성용액이란다.

또 페놀프탈레인 용액을 묽은 수산화나트륨 용액이나 석회수에 넣었더니, 아무 색도 없었던 액체가 아름다운 붉은색으로 변하였다.

정말 신기했다. 사람들은 어떻게 이런 방법을 알아냈을까?

은니 빠진 날

이레몬

저번 주부터 흔들리던 은니가 빠졌다.

"선생님, 이 빠졌어요."

"어디 보자."

난 입에 들어 있던 이를 꺼내 보여 주었다.

수업을 마치고 점심을 먹으러 가는데 선생님께서 물으셨다.

"너 밥 어떻게 먹을 거냐?"

"반대쪽으로 먹으면 돼요."

급식실 아줌마께서 물으셨다.

"너 입에 뭐냐?"

"이요."

"왜 이를 입에 넣고 다녀?"

"은으로 때운 이라서요."

아줌마는 봉지 하나를 주시면서 "여기에 이 넣고 밥 먹어라."라고 하셨다.

난 입안에 오물거리고 있던 은니를 꺼내 봉지에 넣고, 밥을 먹기 시작했다.

이레몬, 선생님은 오늘 은니를 처음으로 보았단다.
신기한 게 정말 치아 모양과 똑같이 생겼구나.
근데 잘 박혀 있어야 할 은니가 왜 빠졌을까?

열 받지 말자

지샘

시온 스티커나 시온 물감은
열을 받으면 물질의 구조가 달라져 색이 변한다.

사람도 열 받으면
완전히 다른 사람이 되기도 한다.

너무 열 받게 하지도 말고,
너무 열 받지도 말아야겠다.

열 받지 않으려면, 마음을 비워야 한다.
욕심을 버리고, 순수를 담아야 한다.
누가 열 받게 해도 동요하지 말고, 미소를 띠어야 한다.

어설프게 만들어진 공이지만 제법 쓸 만하구나.
우리가 만든 공이라 그런지 마음이 간다.
어디 버리지만 말고, 소중히 사용하자.
그리고 우리가 만든 공에 이름이라도 붙여 줄까?
테이프를 돌돌 말았으니 돌돌이는 어때?

재활용 공 만들기

김자두

영어 수업을 하는데 종이 쓰레기가 많이 나왔다.
그런데 김포도가 그냥 버리지 말고 공을 만들자고 했다.
그래서 교실로 돌아와 테이프를 돌돌 말아 공을 만들었다.
만들고 나니 꽤 그럴싸했다.

잔디밭에서 축구를

김포도

자두와 함께 만들었던 공을 가지고 잔디밭으로 나갔다.

딸기는 어디 갔는지 보이지 않고, 나, 자두, 레몬, 호박, 선생님이 함께 공놀이를 했다.

선생님이 먼저 패스를 했다. 선생님 혼자 공격, 수비를 다 했고, 호박이는 골키퍼를 했다.

레몬이와 내가 공격을 잘했지만 호박이가 골을 막았고, 선생님은 순식간에 3골을 넣어 버렸다.

아쉽게도 3:0으로 지고 말았다. 그래도 괜찮다. 게임이니까…….

우리가 만든 공으로 축구를 해서 더 재밌었다.
게임에 이겨도 좋고 져도 괜찮다.
선생님은 이겨서 좋고, 너희들은 재밌게 뛰어서 좋고.

탈을 쓰니 마음이 편해진다.
나를 감추고 있는 느낌이 들어서일까?
주위의 시선을 의식하지 않아도 되기 때문일까?
한 번쯤 탈을 쓰면 마음은 편하겠다.

탈을 쓰고 바라본 세상

지샘

국립민속박물관 대형 버스 한 대가 학교로 들어왔다.

그리고 우린 6시간 동안 다양한 민속놀이도 체험하고 탈춤도 경험해 보았다.

탈을 쓰고 바라보니 세상이 달리 보인다. 몰래 세상을 들여다보는 느낌이랄까?

다섯 손가락 친구들에게는 어떤 세상이 보였을까?

웃고 수다 떠느라 정신없는 걸 보니 기분이 좋아진다.

다섯 손가락 친구들처럼 웃고 수다 떨면서 세상을 바라봐야겠다.

입체 지구본

이레몬

선생님께서 갑자기 "책상 속 좀 정리하면 안 되냐?"라는 소리에 우리들은 모두 책상 속에 있는 물건들을 빼내기 시작했다.

우선 지구본 만들기를 한쪽에 따로 두고 나머지 물건을 정리하였다.

그리고 지구본을 만들기 시작했다. 근데 자꾸 한쪽이 찌그러져 정호박에게 도와 달라고 했다. 정호박은 "눈병." 하고 말하며 나를 쳐다보더니 교실 밖으로 나갔다. 맞다. 정호박은 눈병에 걸려 있었다.

1교시 시작 전에 겨우 만들어서 사물함에 넣었다.

내가 만든 지구본은 동그라미가 아니라 삼각형이 20개 모여 있는 입체도형이다. 뭐 동그라미가 아니라도 지구본이긴 하다.

지구본을 보며 내가 가고 싶은 나라를 떠올려 보았다.

난 북한과 미국을 가고 싶어졌다.

북한은 원래 우리나라 땅이니까 가고 싶었고, 미국은 사용하는 영어가 세계 공통어니까 얼마나 대단한 나라인지 궁금했다.

우리나라인 북한을 맘대로 갈 수 없는 현실이 마음 아프다.
'우리의 소원은 통일'이라는 노래처럼 계속 바라고 바라면
언젠가 이루어지지 않을까?
그리고 미국은 이레몬이 커서 꼭 가 보기 바란다.
미국은 비행기 티켓만 있으면 갈 수 있는 나라니까.

마당을 나온 암탉

김자두

마당을 나온 암탉 잎싹이는 마당으로 돌아가지 않겠다고 결심했다.

그렇게 결심하고 가고 있었는데 꽤애액! 소리가 났다. 잎싹이의 털이 곤두섰다. 그리고 주위를 둘러보았다.

잎싹이는 '족제비면 어떡하지?'라는 생각을 갖고 있었지만 족제비는 커녕 청둥오리 깃털 하나도 발견할 수 없었다.

안도의 한숨을 쉬고, 다시 보금자리를 찾아 나섰다.

한참 지났을까? 적당한 곳이 눈에 띄었다.

그런데 안에 뭔가 있었다. 그것은 흰 알이었다. 잎싹이는 신이 나서 알을 감쌌다. 그렇게 알을 감싸고 며칠이 지났다.

그리고 잎싹이는 잠깐 나갔다 종종걸음으로 보금자리에 들어왔다.

잎싹이는 깜짝 놀랐다.

바로 알이 깨어난 것이다. 그렇게 잎싹이에게 특별한 아침이 지나 갔다.

우리 집 닭들도 매일 탈출하려 하는데
아마 잎싹이의 피를 이어받았나 보다.

갇혀 있는 공간에서 탈출하고 싶은 마음은
잎싹이나, 자두네 닭들이나, 사람이나 모두 같은 마음인가 보다.
선생님도 다섯 손가락 친구들도 잎싹이의 피를 이어받았나?
자꾸 밖으로 나가려고 하니 말이다.

가족 캠프

양딸기

학교에서 가족 캠프를 하는 날이다.

가족들과 함께 미니운동회, 알뜰장터, 장기자랑을 했다.

알뜰장터에서는 내가 가져온 물건들이 아주 잘 팔렸다.

기분이 좋았다.

장기자랑은 5학년 친구들과 함께 발표했다. 노래에 맞춰 춤을 췄는데 우리가 잘했나 보다. 우리만 앙코르가 나와서 한 번 더 춤을 췄다.

장기자랑이 끝나고 놀이마당이 시작됐다.

그런데 잠시 후에 어떤 아저씨가 강당으로 들어와 "뭔 놈의 초등학교가 밤새 시끄럽게 하냐?"고 소리를 지르셨다.

그 땜에 우린 놀이마당을 못 하고 담력 테스트도 하지 못했다.

아쉽기도 하지만, 보람찬 하루였다.

가족들이 모두 모여 함께 그리고, 웃고, 떠들고 나니 가슴이 후련하다.
정성껏 가족 캠프를 준비하신 부모님들께 감사하자.
그리고 늦은 밤 강당에 올라와 우리를 혼내고 떠나신
마을 어르신께도 미안해하자.
우리 학교를 졸업하신 선배님이라 더 서운하더라도
'많이 시끄러웠나 보다'고 생각하자.

수업친구의 수업 보기

지샘

작년에 수업친구를 함께 했던 김 선생님의 수업을 영상으로 관찰했다. 수업친구*여서인지 왠지 더 친근했다. 오늘 수업은 우리 마을을 둘러보고 다양한 직업을 조사한 다음, 직업에 종사하는 사람들의 책임에 대해 알아보는 시간이었다.

선생님께서는 지산마을걷기 체험활동을 교육과정과 연계하여 진행하였다. 학교 주변 마을을 그냥 돌아보는 게 아니라 여러 직업을 조사해 보고, 인터뷰도 함께 병행하였다. 그리고 그 결과를 수업으로 가져왔다. 학생들은 마을지도에 여러 가지 직업군을 소개하였고, 만약 이러한 직업이 없어진다면 어떤 일이 벌어질지 이야기하며 매우 걱정스러운 표정을 지었다.

만약 요리사가 없어지면 어떻게 될까? 경찰관이 없어진다면? 우체부가 없어진다면? 한 아이는 우체부 아저씨가 없어진다면 멀리 러시아에 편지를 보낼 때, 직접 비행기를 타고 가서 전해 줘야 하는 불편함이 있다고 했다. 맞는 말이다. 그래서 모든 직업은 소중한 것이다. 따라서 직업은 수직적인 관계가 아니라 수평적인 관계이다.

만일 청소부가 없어진다면 어떻게 될까? 대한민국이 쓰레기장으로 변할 것이다. 그런데 우리의 무의식 속에는 청소부는 자신보다 낮은 사람이라는 생각이 깔려 있다. 직업에는 위아래가 존재하는 게 아니라 수

평적인 관계에서 다른 역할을 부여받을 뿐이다. 더 나아가 같은 직종에서도 사장과 부하직원의 관계가 수직적인 명령복종의 관계가 아니라, 서로 다른 역할을 수행하는 평등한 관계라는 인식이 필요하다. 그래야 모두가 행복한 대한민국이 되지 않을까? 지금처럼 갑질이 판을 치고, 재벌이 제멋대로 활개 치는 세상에서 모두가 행복한 대한민국은 존재할 수 없다.

난 오늘 수업을 보고 책임의 경계를 생각해 보았다.

1. 내가 선택한 일에 대한 책임인가?
2. 책임을 너무 강조하여 자유를 억압하지는 않는가?
3. 결국 누구를 위한 책임인가?

내가 선택한 일은 내가 책임지는 게 맞다. 하지만 강요받은 책임은 어떠한가? 학생들은 부당한 명령에 복종할 책임이 있는가? 없다.

책임을 너무 강조하면 자유가 억압된다. 규칙이 난무하고 규칙을 다 지키라는 책임이 선행되면 자유는 땅속으로 숨어들고, 자율적인 꿈틀은 사라진다.

'결국 누구를 위한 책임인가?'라는 질문을 던져 본다. 우리가 책임이라고 느끼는 모든 것에서 공공을 위한 책임인지, 특정 세력을 위한 책임인지를 따져 볼 때다.

• 일상 수업을 서로 공개하며 가르칠 수 있는 용기를 북돋아 주는 친구.

딸랑 다섯 명밖에 안 되니 선물을 사도 부담이 없다.
봄, 여름, 가을, 겨울 해녀들이 우리 반 네 여인의 모습과 비슷하더구나.
그리고 정호박에게는 보다 깜찍한 다른 선물이 기다리고 있단다.

미니 돌하르방

이레몬

사회 시간이 끝나 갈 무렵, 선생님께서 지퍼백을 가방에서 꺼내셨다.
지퍼백을 열어 보니, 돌하르방 4개가 들어 있었다.
그리고 정호박을 바라보면서 말씀하셨다.
"네 개밖에 없네."
정호박은 "전 안 가질래요."라고 했지만 왠지 불쌍해 보였다.
선생님께서는 우리 여학생 네 명에게만 돌하르방을 주셨다.
돌하르방은 봄, 여름, 가을, 겨울 포즈를 취하고 있었는데 다 표정이
달랐다.
난 겨울을 받고, 자두는 봄, 포도는 여름, 딸기는 여름을 받았다.
난 내 생일이 여름이어서 여름 하르방을 갖고 싶었는데,
자세히 보니 여름 하르방은 빤스만 입고 있었다.
선생님 "고맙습니다."

대응변

김자두

난 수학이 싫지도 않지만 좋아하지도 않는다. 그래도 오늘 배울 2단원은 꽤 재미있다는 생각이 든다.

선생님이 "대응각은 이러쿵저러쿵" 하며 대응각에 대하여 알려 주셨다.

잠시 후, 선생님의 한마디에 모두가 빵 터졌다.

선생님은 "대 응 변"이라 하셨다.

우린 "캬캬 하하하" 하며 신나게 웃었다. 그렇게 웃고만 있었는데 호박이 덕에 더 웃게 되었다.

호박이가 "대응변에서 응을 빼 봐."라고 하였다. 즉시 '응'을 빼 보았다. 그런데 대응변에서 응을 빼 보니 대변이 되었다.

우리는 아주 배꼽이 빠진 것도 모자라서 전보다 더 더 더! 신나게 웃었다.

그러곤 선생님께서 우리에게 그만 웃으라 하셨다. 하지만 웃음은 그치지 않았다.

그렇게 수학 문제를 풀고 수학 수업을 마쳤다.

오늘의 수학 시간은 내 인생의 최고의 수학 시간일 것이다.

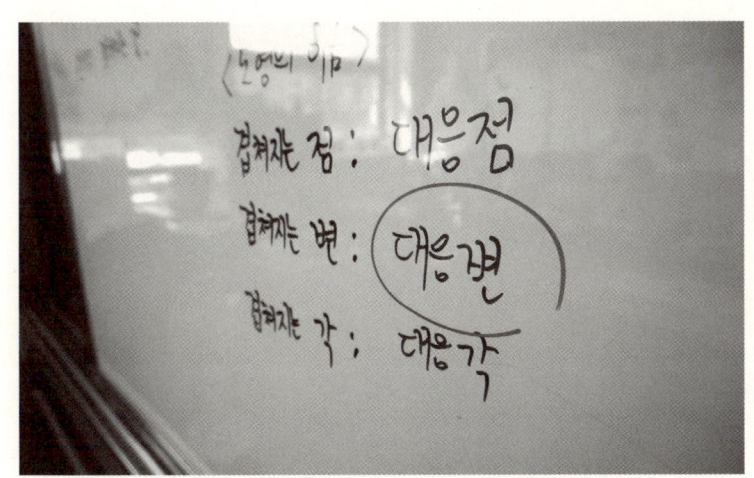

아이들은 똥 이야기만 나오면 왜 그렇게 좋아하는지.
그래서 똥의 좋은 점을 생각해 보았다.
우리 몸의 노폐물을 걸러 주고, 식물에게는 거름도 되더구나.
똥도 쓸데가 있다.

화투가 어디서 시작되었는지 찾아보았다.
포르투갈에서 딱지를 이용한 '카르타 놀이'를 하고 있었는데
포르투갈 상인들이 일본에 그것을 전해 줬고,
다시 일본에서 그것을 본떠 '하나후다'라는 것을 만들어
놀이 겸, 도박을 했다는구나.
화투는 모두 48장이며, 1월이 솔, 2월이 매화, 3월이 벚꽃, 4월이 등나무,
5월이 난초, 6월이 모란, 7월이 홍싸리, 8월이 공산명월, 9월이 국화,
10월이 단풍, 11월이 오동, 12월이 비를 뜻한단다.
화투를 하면 계절도 이해하고, 다른 사람이 가지고 있는 패도
눈치껏 알아야 하므로 머리도 좋아지는데, 돈을 걸고 한다는 게 문제구나.
뭐든 돈이 걸리면 문제가 되나 보다.

화투

김포도

누가 학교에 화투를 가져와서 중간놀이 시간에 같이 화투를 쳤다.

나와 호박이, 자두, 딸기는 화투 치는 법을 알고 있었는데 이레몬만 몰랐다. 그래서 알려 줬다.

패를 나누었다. 광을 가지고 있는 친구의 얼굴은 웃는 얼굴, 패가 안 좋은 친구의 얼굴은 무표정이었다.

어쨌든 시작했다.

패 정리를 할 줄 아는 친구도 있었다.

나는 고도리를 하려고 했지만 잘 되지 않았다.

그런데, 그때 교실 문이 열리고 선생님이 들어오셨다.

"다음부터는 하지 마라."

"네, 선생님."

한복 데이

양딸기

4교시에 한복 데이를 했다.

재밌을 줄 알았는데 한복을 입고 절하는 것이 힘들었다.

그렇지만 우리나라의 인사 예절을 정확히 배울 수 있어서 좋았다.

예쁜 한복을 차려입고 절을 하니 참으로 곱다.
한복이 고우니 표정도 곱다.
격식을 차려서 예를 다하다 보면 마음도 고와지겠다.

자전거를 타고 세상을 바라본

10월

동행

저 앞에 가는 친구
내 뒤에 오는 친구
모두 함께 자전거 바퀴를 돌려 보자.
친구와 동행하면
어느 곳이든 좋다.

자전거를 타고 바라본 두 바퀴 세상

지샘

수학여행 첫날,

수많은 올챙이들을 보았다.

유리창에서 헤엄치는 올챙이들.

누군가 "지나가는 비인가요?"라고 물었다.

난 모든 비는 지나가는 비라고 했다.

내일은 해님을 보고 싶다. 그래야 두 바퀴로 세상을 만날 수 있을 텐데.

해님이 좀 더 힘을 내 줘야겠다.

우리는 이날 목포 자연사박물관, 해양박물관, 신재생에너지관을 거쳐 숙소(중흥골드스파)에 도착했다.

밤에는 부모님께 편지 쓰기를 했는데, 평소와 다른 진지한 모습을 볼 수 있었다. 대견했다.

수학여행 둘째 날,

해님이 힘을 내 준 덕분이다.

우린 맑게 갠 하늘을 바라보며 영산강 자전거 길에 도착했다.

그리고,

아이들이 두 발로 바퀴를 돌리며 억새가 만개한 영산강 길을 내달렸다.

강과 바람이 함께 동행한 자전거 수학여행.
이런 수학여행이라면 맨날 가도 좋겠다.

유리창에서 헤엄치던 올챙이들이 다음 날은 보이지 않았다.
비가 오는 날엔 올챙이들이 뛰놀고, 맑게 갠 날엔 우리들이 뛰놀고,
자연은 언제나 공평하다.

부모님께

김자두

부모님 안녕하세요!

지금 이 편지는 수학여행 중 쓴 것입니다.

날짜는 2015년 10월 1일이고요.

오늘 수학여행에서 자전거를 탈 예정이었는데…….

비가 와서 자전거를 못 타고 박물관에 가서 매머드, 공룡 등 여러 가지를 보았어요. 그리고 영상 4D도 체험했지요.

제가 이렇게 수학여행도 가고 영상 4D도 체험할 수 있는 건 모두 엄마, 아빠 덕분이에요. 부모님이 절 낳으시지 않았더라면 전 여기 없었을 거예요. 비록 남자아이를 낳으려고 하셨지만 이왕 저를 낳으셨으니 남자아이를 낳은 것보다 기뻐해 주세요.

비록 저에겐 돈이 없어 보답은 아직 못 하지만 부모님은 항상 괜찮다고, 태어나 준 것만으로도 고맙다고 하시죠. 하지만 저에겐 항상 고마운 마음이 있다는 것을 믿어 주세요.

나중에 돈 많이많이 벌어서 못해 드렸던 것 다 해 드릴게요.

그리고 제가 모시고 살고 싶어요.

언제나 부모님께 감사하며 자두 올림.

지금 돈이 없어도 보답할 방법은 찾을 수 있겠다.
밝은 미소로 안아 드리기, 부모님 바쁘실 때 도와 드리기, 공부 열심히 하기.
부모님을 사랑하는 마음만 있으면 무엇이든 할 수 있겠다.
자두는 물론 잘하고 있단다.

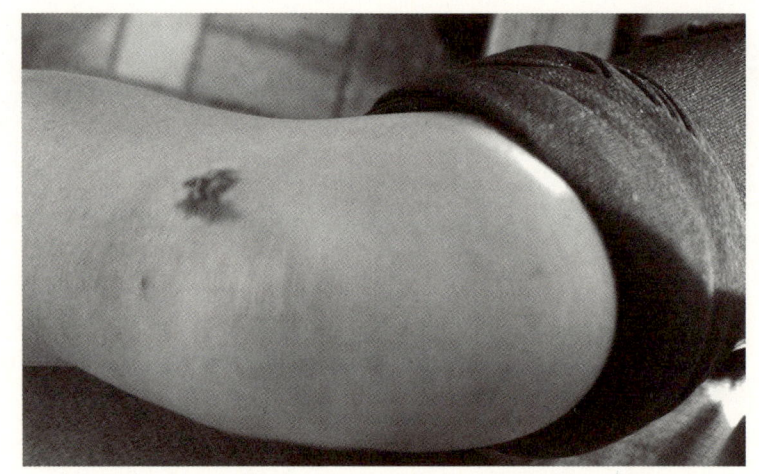

무릎이 까져서 아프겠지만 그래도 많이 다치지 않아서 다행이다.
그나저나, 왜 너희들은 틈만 나면 '사랑에 나이가 있나요',
'고장 난 벽시계'처럼 어른들이 좋아하는 노래를 부르는지 모르겠다.
근데 그거 아니?
선생님도 요즘엔 "사랑에 나이가 있나요~"
노래를 흥얼거린다는 걸.
노래도 전염되나 보다.

아야! 내 무릎

김포도

영산강 길을 따라 자전거를 타고 학교로 오는 중이었다.

그러다 '꽈당!' 넘어지고 말았다. 스타킹엔 구멍이 났다. 그 사이로 피가 흘렀다.

쉼터에서 치료를 받고, 6학년 언니, 오빠들과 함께 수건돌리기를 했다. 하다가 걸리면 '엉덩이로 이름 쓰기, 노래 부르기, 춤추기, 인디안밥' 중 하나를 해야 한다.

나는 한 번 걸려서 노래를 불렀다.

자두는 '엉덩이로 이름 쓰기'를 했는데 한 번 더 걸려서 "고장 난 벽시계는 멈추었는데 저 세월은 고장도 없네~"하며 노래를 불렀더니, 6학년 선생님께서 자두와 내가 부르는 노래는 60대가 좋아하는 노래라고 하셨다.

그 말이 웃겼다. 그렇게 웃고 떠들고 놀다 보니 다시 자전거를 탈 시간이 되었다.

학교에 도착해서 서로 인사를 하고, 우린 학교 정자로 갔다.

친구들과 정자에서 이야기를 하면서도, 다친 무릎 때문에 다리를 굽히지 못했다.

그래도 다친 것은 추억으로 남겨질 것이다.

눈감

정호박

선생님께서 방에서 나갔을 때, 불을 끄고 눈감을 하였다.

눈감은 눈을 감고 술래잡기를 하는 것이다.

처음에 택이 형이 술래가 되었다.

우릴 잡으려고 이리저리 돌아다녔다.

그런데, 잘 잡지를 못 했다.

그래서 다시 술래를 정했다.

이번엔 민수 형이 술래가 되었다.

난 가운데에 가만히 있었는데 민수 형이 나를 잡아 버렸다.

잡히기 전에 심장이 쿵쿵거렸다.

결국 내가 술래가 되었다.

깜깜한 방 안에서 술래잡기를 했다니 생각만 해도 두근두근하다.
술래가 어디서 오는지도 잘 모르는데 어디로 숨어야 할까?
술래도 깜깜, 나도 깜깜.
깜깜한 세상엔 오히려 숨을 곳도 없겠다.

길에 나타난 사마귀

양딸기

자전거를 타는 날!

어제는 비가 와서 버스를 타고 움직였지만 오늘은 자전거를 탄다.

설레기도 하고, 힘들 것도 같다.

자전거를 타고 한참 가고 있는데 사마귀가 많이 죽어 있었다.

몇 마리는 살아 있었다. 그리고 벌레도 많이 죽어 있었다.

생각만 해도 끔찍했다.

그때 내 앞에 갑자기 사마귀가 나타나 깜짝 놀라 자전거를 멈추고 말았다.

한 줄로 내 뒤를 따라오던 친구들도 모두 멈추었다.

"뒤에 뭐야?"

에코바이크 선생님도 자전거에서 내려 우리 쪽으로 다가오셨다.

우린 갑자기 사마귀가 나타나서 멈췄다고 했다.

주변에 잡초가 많아 제초제를 뿌렸나 보다.
잡초만 죽으면 좋으련만 같이 생활하는 곤충들도 죽어나는구나.
인간에겐 좋은 일이 곤충에게는 나쁜 일이 될 수도 있겠다.

새 책이 도착했어요!

지샘

작년 일 년 동안 다섯 명의 수업친구와 일상 수업을 공개하고 함께 이야기했던 글을 책으로 담고 싶었다.

그리고 초고 원고에 대한 오랜 교정의 고통을 거쳐 '수업친구'라는 제목을 달고 세상 밖으로 나왔다.

다섯 손가락 친구들에게 『수업친구』 책을 보여 줬다.

"진짜 선생님이 쓴 거예요?"
"와! 선생님 얼굴이다."
"선생님은 수업철학이 있군요."

자기 일처럼 기뻐해 주는 우리 반 아이들 덕분에 기분이 좋다. 참 좋다.

진심을 담아 축하해 주면 그게 진심인지 금방 알 수 있다.
난 누군가 멋진 일을 했을 때, 진심으로 축하해 줬는지 곰곰이 생각해 보았다.
오늘도 아이들에게 하나를 배운다. 한참 부족한 나를 아이들이 채워 준다.
진심으로 축하해 주는 법은 별게 아니다.
마음에 진심을 담으면 된다.

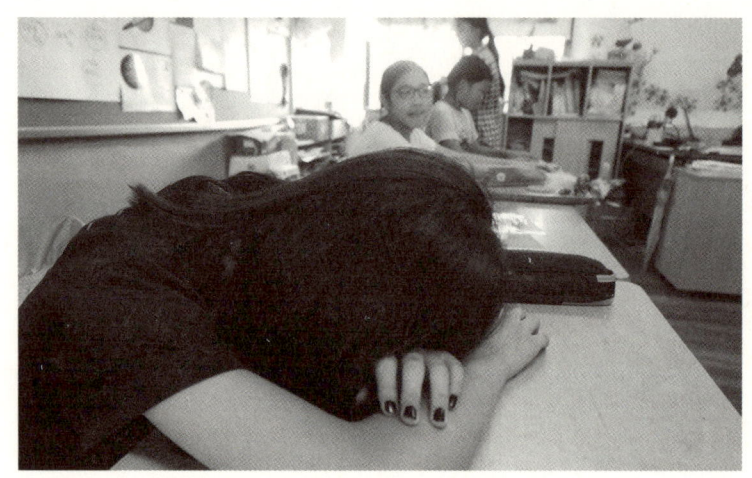

스트레스를 받으면 몸도 마음도 상처를 입게 된다.
그런데 스트레스가 없는 사람은 없단다.
돈 벌어 와야지, 공부도 해야지, 친구랑 사이좋게 지내야지.
자두에게 스트레스를 주는 사람은 누구일까?
너무 스트레스 받지 말고, 할 말은 하는 게 어때?

내 몸, 내 마음, 내 생각

김자두

요즘 난 자꾸 졸린다.

일찍 자는데도 말이다.

밤 10시쯤 자는데도 졸린다.

아마도 스트레스를 받아서인 것 같기도 하고, '불면증인가?'라는 생각도 요즘 한다.

스트레스는 어쩌면 아주아주 큰 병일지도 모른다.

스트레스는 마음을 아프게 하고 스트레스 때문에 큰 병에 걸릴 수도 있기 때문이다.

요즘 내 마음은 고생이 아주 심하다.

학원 스트레스, 누군가에 의한 스트레스.

'누군가의 스트레스인데 누가 스트레스를 주느냐고?'

이건 비밀이야. 아무튼 요즘 너무 피곤해.

내일은 세종대왕님이 한글을 만드신 날이니 푹 자고 일어나 책을 좀 읽어야겠다.

몸도 마음도 생각도 지친 나.

조금이나마 쉬어야겠다.

자리 바꾸기

양딸기

자리를 바꾸는 날이다.

정호박은 복도 쪽에만 앉겠다고 해서, 나머지 자리를 두고 제비뽑기를 했다.

모자 안에 번호가 적힌 종이를 넣고, 손을 넣어 한 장씩 뽑기로 했다.

긴장됐다.

김자두는 1번, 난 2번, 이레몬은 3번, 김포도는 4번을 뽑았다.

옷깃만 스쳐도 인연이라는 말이 있다.
초등학교를 다니면서 누군가와 짝꿍이 된다는 건 대단한 인연이다.
다섯 명뿐인 교실에서 함께 생활하는 것도 기막힌 인연인데
거기에 짝꿍까지 할 수 있으니 말이다.
김자두와 이레몬 모두 양딸기의 짝꿍이다.
양딸기는 짝꿍이 두 명이어서 서운하지 않겠다.

책상 속은 블랙홀

정호박

내 책상에는 조그마한 비밀이 있다.

책상 속에 좋은 물건과 쓰레기를 놔두면 좋은 것은 사라지고 쓰레기만 남는다.

책상 속엔 좋은 것을 빨아들이는 블랙홀이 있나 보다.

호박이 책상은 왜 좋은 것을 감춰 버리고, 쓰레기만 남겨두는 걸까?
그래도 좋은 물건에 발이 달리지 않았다면 언젠가 찾게 되겠지.
좋은 물건을 쉽게 찾을 수 있는 방법은 단 한 가지,
책상 정리를 해 보면 어떨까?

스카이 콩콩

양딸기

학교에 '스카이 콩콩'이 도착했다.

쉬는 시간이 되자마자, '스카이 콩콩'을 가지고 밖으로 나갔다.

처음에는 잘 안됐는데, 좀 하다 보니 77개를 했고, 그다음엔 83개, 그담엔 120개, 그담엔 150개를 했다.

스카이 콩콩은 정말 재미있었다.

다모임 회의를 통해 '스카이 콩콩'을 사기로 결정한 우리 학교 친구들.
발목을 다치고, 무릎이 까여도,
밖에서 뛰어노는 게 그렇게 좋으냐?

어린 왕자가 바라본 지구

지샘

어린 왕자는 B612 행성에서 장미를 키우며 살고 있었지.

어느 날, 어린 왕자는 우주를 여행하고 싶어졌어.

그래서 여러 행성들을 망원경으로 바라보았지.

그러던 중, 지구를 바라보던 어린 왕자가 깜짝 놀라 장미에게 속삭였지.

"저 행성에는 끝없이 남에게 군림하려는 어른들이 살고 있어."

"저 행성에는 자기가 제일 잘난 줄 아는 어른들이 살고 있어."

"저 행성에는 뭐든지 귀찮아하는 어른들이 살고 있어."

"저 행성에는 돈밖에 모르는 어른들이 살고 있어."

"저 행성에는 기계처럼 살아가는 어른들이 살고 있어."

"저 행성에는 지식만 가득하고 실천하지 않는 어른들이 살고 있어."

그 말을 들은 장미가 어린 왕자에게 말했다.

"그래도 가 볼 거야?"

어린 왕자에게 누군가 말해 주세요.
지구에는 누군가 슬퍼할 때 옆에서 보듬어 주고,
누군가 넘어졌을 때 선뜻 다가가 일으켜 주고,
아름다운 강을 지키기 위해 노력하고,
태풍으로 무너진 집을 함께 일으켜 주고,
따스한 눈으로 남을 바라보는 그런 사람도 있다고 말해 주세요.

김자두가 학교에 빨리 오는 걸 버스들이 방해했구나.
이 버스, 저 버스 다 놓쳐도 짜증 내지 않고,
아무 일 없다는 듯이 다음 버스를 타고 오는 김자두.
짜증도 마음먹기에 달렸나 보다.

버스 놓친 날

김자두

레몬이와 아침 일찍 만나기로 약속을 해서 7시 50분에 오는 84번 버스를 타기로 마음먹었다.

버스정류장에 7시 50분에 나왔는데 84번 버스는 가고 있었다. 하지만 포기하긴 일렀다. 다른 버스가 남아 있기 때문이다. 그래서 9번을 타러 다른 정류소가 있는 사거리에 나갔는데, 그 버스도 가고 있었다.

난 다시 돌아와 84번을 타러 갔는데 그 버스도 놓쳐 버렸다.

난 다시 돌고 돌아 57번을 타러 갔다. 하지만 57번 버스도 "빠이빠이 ~ 빠이빠이야~"노래를 부르듯 쌩하니 가 버렸다.

좌절하던 그때, 나의 구세주 85번이 나타났다. 난 85번 버스를 보고 아무 일도 없었다는 듯이 기세등등하게 손을 뻗었다.

어렵게 학교에 도착해 교실로 올라왔지만 레몬이는 없었다. 레몬이는 8시 20분쯤 드디어 모습을 드러냈다.

아 참, 나와 레몬이와 했던 약속은 말할 수 없다.

이건 국가급 비밀이기 때문이다.

국제영어마을

김포도

체험학습으로 광주국제영어마을에 갔다.

어떤 선생님이 자두에게 "How old are you?"라고 물어보셨다.

근데 자두는 "I'm twelve years old."라고 말해야 하는데 "I'm happy." 라고 말해 버렸다. 그래서 우리들은 낄낄낄 웃었다.

제일 먼저 선생님을 따라 파티홀로 들어갔다. 그리고 계단 같은 곳에 앉았다.

한국인 선생님께서 이곳에서 지켜야 할 규칙을 말해 주셨다. '영어만 사용해야 한다', '교실에서는 음식물을 가지고 오지 않는다' 등.

우린 미술실로 갔다. 선생님께서 플라스틱판을 나누어 주셨다. 그리고 그림이 그려져 있는 종이를 나누어 주셨다.

난 뽀로로 그림을 골라서 플라스틱판에 대고 그렸다. 네임펜으로 색깔도 칠했다.

쉬는 시간에 6학년 한국이 오빠가 자두, 레몬이랑 나한테 떡볶이를 사 줬다.

그리고 우리는 경찰서로 갔다. 그곳에는 감옥, 경찰 제복, 경찰 모자, 등 경찰 물건들이 있었다. 감옥에도 들어가 보고, 퀴즈도 했다.

우승은 혜민이 언니, 다연이 언니, 별이 언니, 딸기가 속해 있는 모둠이었다. 아마 언니들이 다 했을 거다. 상품은 사탕이었다.

선생님께서 상품 안에 거미 모형을 넣어 놓으셔서 웃겼다.

그렇게 수업을 마치고 단체 사진을 찍고 점심을 먹으러 갔다.

밥을 먹고 밖으로 나갔더니 호박이가 웬 점퍼 하나를 바닥에 끌고
다녔다. 담임선생님께서 점퍼를 빼앗자 호박이는 삐쳐 가지고 가로등을
잡고 절대 놓지 않았다. 그래서 선생님이 겨우겨우 떼서 호박이를 업고
오셨다.

마지막(?)에는 조금 그랬지만 그래도 재미있는 하루였다.

광주에 국제영어마을이 있다니 참 신기하다.
그곳에 가면 마치 외국에 온 것 같은 기분이 들더구나.
외국인 선생님, 외국 건물, 외국 소품, 외국 책 등
외국을 잠시 체험해 본 것만으로도 멋진 체험이 될 수 있겠다.

누군가에게 진심을 담아 사과를 한다는 건 쉽지 않은 일이다.
그나저나 "○○○○ 미안해"에서 ○○○○이 뭘까?
어젯밤에, 교실에서, 빼앗아서, 욕을 해서…….
무슨 말이 적혀 있는지 궁금하다.
호박아! 선생님한테만 말해 줄래?

애플 Day

정호박

'애플 Day'는 친구들이나 선생님께 사과하는 날이다.
원래 10월 24일이 애플 Day인데 토요일이어서 오늘 하는 것이다.
애들이 원하는 친구에게 사과 편지를 쓰기로 했다.

포도는 김자두에게
이레몬은 양딸기에게
김자두는 이레몬에게
양딸기는 선생님에게
난 김포도에게 사과 편지를 썼다.

"○○○○ 미안해."

사과와 편지를 봉투에 담아 김포도에게 주었다.

고구마 캐기

김자두

신발장에 있는 장화를 신고 텃밭으로 나갔다. 선생님께서 오늘은 고구마를 캔다고 하셨다. 근데 고구마 알 상태가 영 안 좋았다. 알고 보니 6학년 언니 오빠들이 다 캐 간 것이었다.

그런데 선생님께서 일단 "파 보자."라고 하셔서 파기는 팠다. 근데 한 개도 안 나왔다. 나온 건 쪼그만 고구마였다. 난 점점 화가 났다. 그래도 꾹 참았다.

그렇게 3교시가 끝나 가고 화가 끝까지 나서 "아, 진짜! 6학년이 다 캐 갔어!"라고 말해 버렸다.

내가 고구마를 못 캤다는 생각에 6학년이 미워졌다. 그러다 '1학년 밭에서 뭐라도 나오려나?' 하는 맘으로 교실로 돌아가자는 선생님을 뒤로하고 또 캐기 시작했다. 그런데 1학년 밭에서 꽤 큰 고구마들이 나왔다.

'6학년이 안 캐 갔으면 우리 밭에서도 월척이 나왔을 텐데.' 하는 생각을 수없이 했다.

그렇게 3~4교시가 끝났다.

콩알만 해도 고구마고, 호박만 해도 고구마다.
콩알만 한 고구마가 더 맛있을 수도 있다.
사람도 키 큰 사람보다 키 작은 사람이 더 좋은 경우가 많다.

다섯 손가락 친구들이 나무로 의자를 만들었다.
너희들이 모두 앉기에는 좀 작지만 그래도 쓸 만하다.
호박아, 우리가 만든 의자에 앉은 기분은 어땠니?
선생님은 참 포근하고 좋더라.
그래서 맨손으로 의자를 계속 만지작거렸다.

나무로 의자 만들기

정호박

점심을 먹고 정자에 모였다.

그곳에는 공예 선생님이 와 계셨다.

처음에 의자를 어떻게 만드는지 말해 주셨다.

그리고 잘라진 나무끼리 목공용 본드로 이어 붙었다.

그리고 못질을 했다.

못질은 김포도가 거의 다 했다. 대단한 김포도다.

앉아 보았다. 못질을 다 하니 제법 튼튼해졌다.

다육이 식물 '까라솔'

김포도

전교생이 강당에 모여서 다육이 수업을 했다.

설명하시는 선생님께서 다육식물은 선인장과 같은 사막에서 사는 식물이라고 하셨다. 캐릭터 화분, 다육식물, 숟가락, 배양토, 자갈, 플라스틱 망 등 재료를 나누어 주셨다.

먼저 화분에 플라스틱 망을 깔고 그 위에 자갈을 깔았다. 배양토를 숟가락으로 10숟가락 정도 가득 넣었다. 그리고 손가락으로 구멍을 내서 뿌리를 넣고 가볍게 눌러 줬다. 그리고 선생님이 식물 이름을 알려 주셨다.

내 화분은 "까라솔"이고,

자두, 레몬이는 "유접곡"이고,

호박이는 "애심",

멘토링 선생님은 "우주목",

딸기는 "십자성"이었다.

선생님이 물은 한 달에 한 번만 준다고 하셨다.

이름표에 이름을 쓰고 화분에 꽂았다. 무당벌레 스티커도 화분에 붙이고 예쁘게 전시해 놓았다.

그리고 다육 선생님께서 퀴즈를 냈는데 우리 반이 정답을 맞혀서 선물을 받았다. 선물은 무당벌레 스티커 한 통이었다.

다육이들이 우리 반 창가의 따뜻한 햇살을 받으면서 건강하게 자랐
으면 좋겠다.

다섯 손가락 품에 안긴 다육이들은 참 좋겠다.
따뜻한 햇살과 사랑을 받으며 자랄 수 있어서 말이다.
'까라솔', '유접곡', '애심', '우주목', '십자성'
다육이들은 참 이름도 예쁘다.

학예회 발표하는 날

양딸기

사물놀이 공연과 함께 학예회를 시작했다.

그다음 순서는 우리 학교 귀염둥이 유치원 학생들이 공연을 했는데 난 보지 못했다. 왜냐하면 그다음이 해금 연주였기 때문이다.

해금은 '소금장수'와 군밤타령'을 했다.

난 해금 연주를 했다. 긴장됐지만 그런대로 잘한 것 같다.

다음으로 '오카리나, 바이올린, 리코더, 무용'을 다 하고 1부가 끝났다.

2부 시작할 때는 마술쇼 특별공연을 했는데 정말 재미있었다.

작은 학교에서 열리는 학예회는 색다르다.
모든 아이들 얼굴을 알고 있으니 모두가 가족 같다.
잘하고 싶은 마음은 있으나 잘해야 한다는 부담은 없다.
해금 연주 정말 멋졌다.

군고구마가 그리운

11월

따뜻함

몸도 추워지고
마음도 추워지면
따끈한 군고구마 껍질을 벗겨
호, 입김을 내뿜으며
입안에 넣어 봐.
그럼, 좀 더 따뜻해질 거야.
몸도 마음도.

물만 주는데 잘도 자란다

지샘

과학실에서 아이들이 다모임 회의를 하는 동안 난 창가에 놓여 있는 식물들을 바라보았다.

창밖은 꽤 추운데 실내는 따뜻하다. 실내여서 따뜻한 것도 있지만 아이들이 채운 온기 때문에 더 따뜻하다.

과학실 창가에 놓인 식물들은 물만 주는데 파릇파릇 잘도 자란다.

아이들은 어떻게 하면 잘 자랄까?

곰곰이 생각해 보면 식물이 잘 자라는 데는 물만 필요한 게 아니었다.
따뜻한 햇살, 뿌리를 내릴 수 있는 흙,
예쁘게 가꿔 주는 사람들의 손길도 필요했다.

인형극 공연 후 짐 정리를 하다

정호박

흡연 예방에 대한 인형극을 했다.

인형극에서 호랑이가 담배를 피워 힘이 약해지는 걸 보고, 담배는 안 좋다고 생각했다.

인형극이 끝나고 중간놀이 시간이 되었는데 할 게 없어서 인형극 공연을 한 아저씨들이 짐 정리하는 것을 도와 드렸다.

그리고 아저씨가 준 초코파이를 먹었다.

중간놀이 시간이면 어김없이 뛰어놀던 정호박이
인형극 아저씨들께서 짐 정리하는 걸 혼자 남아 도와주다니 정말 대단하다.
호박이가 도와줘서 아저씨들이 정말 좋아했겠다.
고마워, 정호박!

선생님, 술 드셨어요?

김자두

3교시인가? 4교시인가?

난 선생님께 뜬금없는 질문을 했다.

"선생님, 술 드셨어요?"

선생님은 약간 당황하시며 "어제 한잔했는데 어떻게 알았지?"라고 말씀하셨다.

난 머뭇거리다가,

"선생님 차에 대리운전 광고지가 붙어 있어서요."

김자두의 추리력은 정말 대단하다.
선생님이 술 마시는 걸 어디서 본 줄 알았는데
차에 붙은 대리운전 광고지로 그런 걸 추리하다니 놀랍다.
'도둑이 제 발 저린다'는 말은 이럴 때 쓰나 보다.

아이유와 함께

이레몬

어제 학원에 갔더니, 스티로폼으로 만들어진 아이유가 있었다.

난 학원 선생님께 그걸 달라고 했다. 그리고 아이유를 좋아하는 김자두를 주기 위해 아침에 버스에 실었다.

난 버스 뒷문 쪽에 아이유를 놔두고 자리에 앉았다.

다들 놀란 표정으로 "왜 아이유가 여기 있지?"라고 했다.

교실에 가져갔더니 김자두보다 선생님이 더 좋아하셨다.

복도에 지나가던 한국이 오빠는 아이유를 보고 "뭐야!"라고 깜짝 놀란 가슴을 쓸어내렸다.

난 그 모습이 웃겨서 깔깔댔다.

아이유를 좋아하는 김자두를 위해 이레몬이 힘들게 교실까지 가져왔구나.
그런데 어쩌지?
김자두보다 선생님이 더 좋아하는데 말이다.
너희들이 떠난 텅 빈 교실에 선생님은 아이유와 함께 남아 있다.
선생님은 이제 혼자가 아니다.

선생님은 랜덤 게임을 처음 해 봤다.
게임에서 진 사람이 다음 게임을 고를 수 있다니 져도 손해 볼 게 없더구나.
양딸기 말처럼 수업 시간에 노는 것은 뭐든 재밌다.

랜덤 게임

양딸기

4교시를 하다가 수업이 빨리 끝나 랜덤 게임을 했다.

랜덤 게임 종류는 여러 가지가 있지만 우리는 다섯 가지를 골라서 했다.

바니바니*

아파트*

베라*

홍삼*

눈치 게임*

수업 시간에 하니까 더 재미있었다.

- 바니바니: 한 명이 '바니바니 바니바니'를 외치며 상대편을 지목하면, 지목받은 아이는 '바니바니 바니바니'를 외치고, 양쪽에 있는 아이는 '당근당근'을 외치는 게임이다.
- 아파트: 술래가 예를 들어 20층을 말하면 그 순간 아이들이 손을 겹쳐서 올려놓는다. 먼 처음 맨 밑바닥에 있는 손을 맨 위로 올리며 1층이라고 말한다. 20층을 말하는 아이는 술래가 된다
- 베라: 31게임이라고도 한다. 한 사람이 1부터 3까지 외칠 수 있으며, 왼쪽으로 돌아가면서 마지막에 31을 외친 사람이 술래가 된다.
- 홍삼: '아싸, 홍삼, 에브리바디 홍삼, 아싸, 너 너' 지목받은 아이 2명이 '아싸 너'를 외친다. 이때, 두 명이 동시에 한 명을 지목하면 그 아이는 '에브리바디 홍삼'을 외치며 아무 동작이나 한다. 그럼, 그 동작을 모두 따라 한다.
- 눈치 게임: 모두 앉아 있다가 한 명이 일어나 1이라 외친다. 이때 2명 이상이 동시에 일어나 1을 외치면 함께 술래가 된다. 또한 마지막까지 숫자를 외치지 않은 한 명도 술래가 된다.

매운 초콜릿

지샘

월요일 아침, 상쾌한 마음으로 2층 계단을 올라갔다.

교실에 도착했더니 김자두와 이레몬이 예쁘게 포장한 선물 꾸러미를 나와 다섯 손가락 책상 위에 올려놓고 있었다.

"뭐야?"

"초콜릿이에요."

"그래? 누가 만들었나?"

"김자두하고 김포도가 주말에 김자두네 집에서 만들었대요."

이레몬이 주말에 무슨 일이 있었다는 걸 아는 듯 나에게 말했다.

"어, 고마워."

포장지를 열어 보니 초콜릿이 3개가 들어 있었다. 하나를 꺼내 입안에 넣었다. 처음엔 달콤하더니 입안에 살살 녹으면서 매운 맛이 났다.

"근데, 이 초콜릿 좀 매운 것 같은데."

그때, 교실로 들어오던 김포도가 김자두에게 말했다.

"내가 초콜릿 포장해서 냉장고에 넣자고 했잖아."

그랬다. 김자두와 김포도는 초콜릿을 열심히 만들어 그걸 그냥 냉장고에 넣었고, 냉장고에 있던 각종 음식들의 향기가 초콜릿에 스며든 것이었다. 난 아마도 김치 맛이 밴 초콜릿을 먹었나 보다. 아직도 입안이 얼얼하다.

주말인데도 불구하고 우리들에게 나눠 줄
초콜릿을 만든 김자두와 김포도가 기특하다.
초콜릿이 좀 맵긴 했지만 포장지에 쓰인 말처럼 정말 행복하구나.

우리들끼리 오랜만에 밖으로 나와 돌아다니니 좋다.
박물관 아저씨도 미술관 아줌마도 모두들 물어본다.
"다섯 명이 전부예요? 너무 좋겠다."
"이거 하고 갈래?"
나도 그렇고 다섯 손가락 친구들도 복 받았나 보다.
어딜 가나 반겨 주니 말이다.

박물관 체험학습

김자두

체험학습을 가는 날이다.

차를 타고 20분 정도 지났나.

우린 광주시립민속박물관에 도착했다.

이곳에서는 광주의 역사를 볼 수 있었다.

한 시간 정도 역사박물관을 다 둘러보고, 밖으로 나와 산책을 했다.

산책을 하다가 미술관을 만났다. 근데 그곳에서는 입장료를 받았다.

어른 500원, 어린이 200원, 우리 반은 선생님까지 여섯 명이니 다해서 1500원.

선생님은 돈이 없어서 포도에게 돈을 빌리셨다.

들어가 보니 의자, 책상, 인형, 작은 집 등 예쁜 물건이 많았다.

난센스 퀴즈

국어 시간에 선생님께서 난센스 퀴즈를 내 주셨다.

1번 사 오긴 했는데 못 사 왔다고 하는 것은?•
2번 신발이 화가 나면?

1번 문제는 풀었는데 2번 문제는 아무리 생각해도 모르겠다.
친구들도 모르겠다고 했다.
그래서 선생님께 여쭈어 보았다.
"선생님, 아무리 생각해도 모르겠어요."
선생님은 답을 말해 주셨다.
"신발끈."
"왜요?"
"신이 발끈했잖아."
"아!"
그렇게 난센스 퀴즈를 풀고 국어 수업을 시작하였다.

• 정답: 못.

병든 사람이 가장 받고 싶어하는 복은? 행복

속상한 일이 없으면 만나지 않은 사람은?

심을 수 없는 씨는?

신발도 화가 나면 발끈하는데 하물며 사람이 화가 나면 어떨까?
게다가 화난 사람 옆에서 "너 화났냐?"고 자꾸 부채질을 하면
무슨 일이 벌어질까?
생각만 해도 끔찍하다.

책 읽어 주는 엄마

엄마는 우리 학교 사서 선생님이시다.
요즘 우리 반에 매일 아침에 들어오셔서 책을 읽어 주신다.
어제는 '피카소 아저씨네 과일 가게'라는 책을 읽어 주셨다.
그리고 1교시가 시작되면 다시 도서관으로 가셨다.

이 책의 줄거리를 살펴보았다.
'부모가 이혼한 것을 알면 자신을 무시할까 봐
친구를 잘 사귀지 못하는 미루와 피카소 아저씨는 친구가 된다.
그리고 미루는 자신만의 꿈을 찾아 나선다.'
호박이도 자신만의 꿈이 있겠지.
꿈을 향해 한 발 한 발 걷다 보면 자신도 모르게
언젠가는 꿈의 언저리에 가 있겠지.
한 발 한 발 걷다 보면.

빼빼로도 먹고, 가래떡도 먹고, 먹방 대장들이다.
앞으로 11월 11일은 한 가지만 먹자.
그래야 먹방 대장에서 벗어날 수 있겠다.

빼빼로 데이 vs 가래떡 데이

김포도

오늘은 11월 11일이다.

2교시가 끝나자, 호박이 엄마와 호박이가 직접 만든 빼빼로와 초콜릿을 도서관에서 받았다. 어젯밤 11시까지 포장했다고 한다.

정말 맛있었다.

교실로 돌아오자, 선생님께서 가래떡과 사과 주스를 책상에 올려놓고 계셨다.

선생님께서는 11월 11일은 농민의 날이라고 하셨다.

그래서 우리는 빼빼로 대신 농민들이 직접 수확한 쌀로 만든 가래떡을 먹어야 한다고.

우리가 알고 있는 빼빼로 데이는 빼빼로 회사에서 빼빼로를 많이 팔기 위해 만든 날이다.

이제부터는 가래떡 데이라고 부르면 좋겠다.

맛있게 먹어 주는 것만으로도 고마워한다는 선생님의 말씀에
엄마 생각이 났다.
엄마는 그런 사람이다.
자식이 맛있게 먹어만 줘도 행복한 사람,
참 따뜻한 사람이다.

마음이 따뜻한 선생님들

지샘

실무사 선생님께서 군고구마와 땅콩을 가져오셨다. 고구마는 나주에 있는 친정에서 직접 캐 오신 거란다.

잠시 후, 6학년 선생님께서 동치미를 가져오셨다.

실무사 선생님께서 고구마를 가져온다고 하자, 고구마에 동치미가 빠지면 안 된다며 준비하셨단다.

오랜만에 선생님들이 교무실에 모였다. 그리고 따끈따끈한 군고구마를 한입 먹어 보았다.

"아. 진짜, 너무 맛있어요."

군고구마는 달짝지근한 맛이 났고, 입안에 고인 침과 함께 목구멍 속으로 넘어갔다.

"맛있게 먹어 줘서 고마워요."

두 분 선생님께서는 맛있게 먹어 주는 것만으로도 고마워했다.

갖고 싶은 것, 가 보고 싶은 곳, 하고 싶은 것

김포도

〈갖고 싶은 것〉

- 뽀로로 인형
- 학교
- 사과 100개
- 기프트 카드
- 냉장고
- 회중시계

- 폴리머 클레이
- 10,000,000,000,000,000원
- 내 집
- 태블릿 PC
- 가루쿡

〈가 보고 싶은 곳〉

- 제주도
- 말레이시아
- 우주
- 중국
- 천국

- 서울
- 키자니아
- 부산
- 이상한 나라 앨리스

〈하고 싶은 것〉

- 친구와 함께 여행하기
- 가족과 놀이동산 가기

- 집 안에서 강아지 키우기
- 세계일주

- 기부
- 하루 종일 뛰어놀기
- 친구랑 쇼핑하기
- 가족과 일주일에 한 번씩 볼링장, 탁구장 가기
- 남을 위해 요리하기
- 친구 집에서 자기
- 책 출판하기

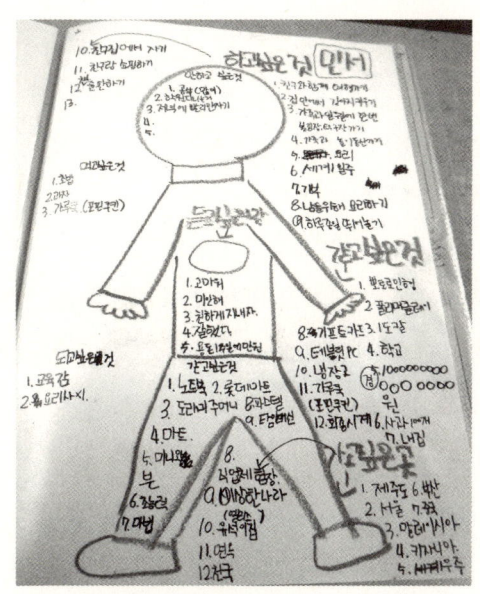

멋진 회중시계를 사서 집에 걸어 보고,
별이 알알이 박힌 우주를 꼭 가 보고,
김포도 이름이 들어간 책을 꼭 출판했으면 좋겠다.

과학 시간에 먹은 김치전

이레몬

오늘은 과학실에서 풍향&풍속계를 만들기로 했다.

과학실에 도착하니, 한쪽에 각종 요리도구가 있었다.

한참 풍향&풍속계를 만들다가, 선생님께

"오늘 뭐 먹을 거예요?"

"김치전 만들어 먹을 거야."

그 말을 들은 포도가 "제가 김치전 만들래요."라고 했다.

선생님께서는 "넌 가서 풍향&풍속계 만들고 있어."라고 하셨다.

나도 포도처럼 말하려다가 한 소리 들을 것 같아 참았다. 만들기를 하는데 김치전 냄새가 났다. 참을 수가 없었다. 절반쯤 만들다가 선생님께로 가 보았다.

선생님께서 프라이팬을 위로 던졌더니 김치전이 뒤집어졌다.

"우와" 입이 절로 벌어졌다.

"김치전 먹으렴."

우린 냅다 달려가 김치전을 먹기 시작했다.

비가 오는 날
생각나는 사람도 있고, 생각나는 음식도 있다.
김치전은 비 올 때 먹어야 제 맛이다.

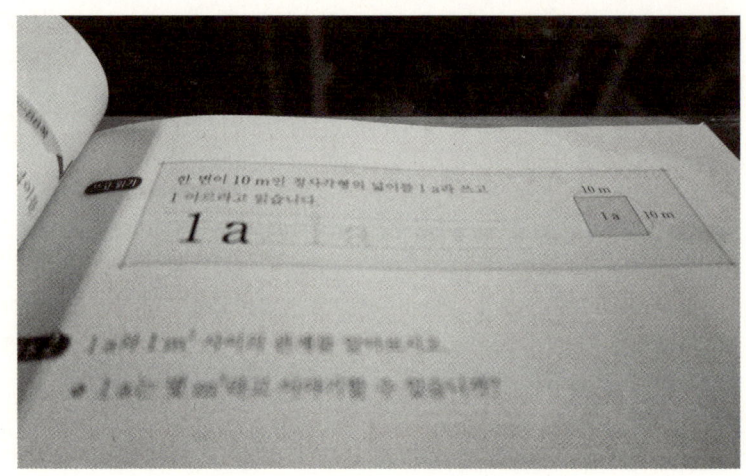

위키백과를 찾아보니 이렇게 쓰여 있었다.
"아르(are, 단위 a)는 면적의 단위로 100m²에 해당한다.
옛 미터법에서 정의한 단위였으나, 현재의 미터법에서는 사라졌다.
SI 단위계에서도 아르의 사용은 허용되나, 권장하고 있지는 않다."
평범한 사람들이 평생 써 보지도 않을 단위를
지금 우리는 초등학교에서 배우고 있다.

아르(a)는 배워서 뭐하지?

지샘

수학 시간.

칠판에 "1m²보다 더 큰 단위를 알아봅시다."라고 적었다.

그러고 나서 가로가 50m, 세로가 20m인 직사각형 모양의 염전 넓이를 아이들과 함께 구해 보았다.

정답은 100m².

"100m²를 더 간단히 나타낼 수는 없을까?"라고 아이들에게 물어보았다.

"1아르(a)."

딸기가 교과서를 보더니, 이미 알고 있다는 듯이 말했다.

딸기의 말이 끝나기가 무섭게 한 손에 연필을 쥐고 있던 포도가 못마땅한 표정으로 나에게 물었다.

"선생님, 아르(a)는 써먹지도 않을 건데 뭐하러 배워요?"

"여러 가지 단위를 배우는 시간이니까, 확인해 보는 것도 괜찮지 않을까?"라고 말해 주었지만 왠지 궁색한 변명 같았다.

추위를 녹여 주는 손난로

김자두

아침부터 추웠다. 난 추운 몸을 이끌고 교실로 들어갔다.

몇 분 지나지 않아 선생님께서 어떤 박스를 가지고 오셨다.

"선생님 그게 뭐예요?"

선생님께선 '손난로 만들기'라고 하셨다.

오늘 같은 날 꼭 필요한 아이템!

난 기분이 매우매우 좋아졌다.

"몇 교시에 만들어요?"라고 선생님께 여쭈어 보자 선생님께선 "5교시에."라고 말씀하셨다.

난 5교시가 얼른 됐으면 좋겠다는 생각으로 1교시 수업을 준비했다. 그렇게 4교시가 끝나고 밥을 먹고 드디어 손난로 만들 시간이 되었다.

선생님께 종이컵과 숟가락을 받은 후 여러 가지 재료들을 종이컵 안에 넣고 섞기 시작했다. 주머니를 루돌프로 꾸미고, 종이컵에 있는 재료들을 종이 주머니에 조심히 넣었다. 마지막으로 종이 주머니에 물을 한 숟가락 넣고 입구를 접은 다음, 흔들기 시작했다.

손난로가 뜨거워졌다. 온도를 재어 봤더니 40도가 넘어갔다. 아, 따뜻해!

흔들이 손난로를 열심히 흔들다 보면, 손도 따뜻해지고, 마음도 따뜻해지겠다.
김자두가 그린 루돌프는 정말 깜찍하구나.

우리 반 고운 말 온도계가 어디까지 내려갈까?
그래도 '최악'까지 내려가진 않겠지.

고운 말 온도계

이레몬

국어 시간에 있었던 일이다.

누가 국어 책에 나온 걸 보고, "우리도 고운 말 온도계 만들어요."라고 했다.

선생님께서도 만들어 보자고 하셨다.

부직포를 골라야 하는데, 모두 하늘색을 골랐다. 그런데 하늘색이 4개밖에 없어서 가위바위보를 했다.

"가위바위보."

김자두가 졌다.

우린 하늘색 부직포, 김자두만 노란색 부직포를 가져갔다. 김자두가 많이 실망한 것처럼 보였다.

그때, 정호박이 "내가 노란색 할게."라며 부직포를 양보해 주었다. 그리고 규칙을 정했다.

욕설이나 폭력적인 언어를 쓰면 온도를 하나씩 내리기로 하였다.

앞으로 조심해야겠다.

첫눈 오는 날

양딸기

그토록 기다리던 첫눈이 내렸다.
교실에 앉아 수업을 하고 있는데,
창밖에서는 눈이 회오리처럼 내리고 있었다.
눈이 조금씩 나무에 쌓여 갔다.

드디어, 드디어,
첫눈이 내렸다.
첫눈이 올 때는 아무 말도 필요 없다.
그냥 설레고 좋다.
모두 아이가 된다.

함박눈이 내리는

12월

이별

12월이 되면 함박눈이 내린다.
함께 눈을 뭉쳐 얍!
눈싸움을 하고 산타 할아버지를 만나고
그렇게 2015년의 마지막이 다가온다.
2015년과 이별해야 2016년을 만날 수 있고,
5학년과 이별해야 6학년을 만날 수 있다.
이별을 해야 새로운 시작을 할 수 있다.

추운 겨울에도 햇살은 따뜻하다

지샘

전국이 영하권으로 내려갔다.

옷깃을 여미고 교실 온풍기를 가동했다.

어두침침한 교실에 따뜻한 공기가 맴돌았다.

오들오들 떨며 수업을 준비하는 나에게 호박이가 말했다.

"선생님, 블라인드 올려요."

창가에 있는 블라인드를 올리자, 햇살이 교실로 들어왔다.

추운 겨울에도 햇살은 따뜻했다.

햇살은 언제나 따뜻하다.
햇살로 몸이 따뜻해지면 마음도 따뜻해진다.
나에게도 햇살 같은 친구가 있다.
그 친구랑 같이 있으면 마음이 따뜻해진다.

교실에 있는 책 읽기

김자두

학교 수업이 끝나고 학원에 가려다가 조금만이라도 더 놀려고 다시 학교로 발걸음을 돌렸다.

그렇게 학교 주위를 맴돌다가 호박이한테 쫓기고 얼떨결에 우리 반 근처로 오게 되었다.

난 "선생님이 계시나?" 하고 창문으로 보려고 했지만 하필이면 TV가 창문 쪽에 있어 선생님이 계신지 안 계신지 볼 수가 없었다. 하지만 난 안 계신다고 믿었다. 보통 선생님께서 반 안에 계시면 노래를 틀어 놓는데, 노랫소리가 안 들렸기 때문이다.

난 창문을 점프! 하여서 교실을 보았다.

"눈치가 정말 없으셔."

창문을 점프할 때 선생님이 내 쪽을 보았는데도 선생님은 내가 밖에 있는지 몰랐기 때문이다. 그런데 그때 호박이가 "아니야! 눈치가 없는 게 아니라 모르는 척하시는 거야!"라고 했다. 호박이는 선생님이 대박 좋은가 보다.

선생님은 눈치가 없는 게 아니라 눈치가 완전 100단일 수도 있다.

우리는 다른 데서 놀다가 다시 교실로 와 봤다. 이번에는 선생님이 교실에 안 계셨다. 우리는 교실로 뛰어갔다.

막 놀이를 시작하려는 순간! 선생님께서 다시 교실로 오셨다. 우리는 깜짝 놀라 교실에 있는 책을 들고 읽기 시작했다. 난 여자 역할을 하고 레몬이는 남자를 역할을 했다.

한참 책 읽기를 하다 보니, 4시 13분.

늦었다.

다행히 호박이 엄마가 태워다 준다고 하셔서 호박이 엄마 차를 타고 학원으로 갔다.

선생님은 너희들이 보건복지부에서 나온 '안전을 지켜요' 책을
한 시간 동안이나 읽을 줄 몰랐다. 무슨 책이든 함께 읽으면 재밌나 보다.
너희들 나이를 생각해 보면 지나가던 강아지만 보아도 재밌을 때다.
재밌게 살자.

캐럴을 들으며 크리스마스 장식을 꾸미니 크리스마스가 더 실감난다.
크리스마스가 오면 다 함께 외쳐 보자.
메리 크리스마스!

메리 크리스마스

이레몬

선생님께서 크리스마스 리스를 만든다고 하셨다. 그러더니, 초록색과 빨간색 색종이를 4장씩 주셨다. 모양 찍는 펀치도 있고, 다른 색종이도 있었다.

"선생님, 이건 어디에 쓰는 거예요?"

"만들다 보면 알게 돼."

선생님께서 재료를 다 나누어 주시고, 우린 만들기 시작했다.

우선 색종이를 반으로 접었다.

그다음에 양쪽을 세모로 접고 입체적으로 겹치면 된다.

"선생님, 이렇게 접는 거 맞아요?"

"응"

"선생님, 노래 들으면서 해요."

"그래"

선생님께서는 크리스마스 노래를 틀어 주셨다.

노래를 들으며 크리스마스 리스를 만들었다.

좀 허전해서 종도 붙였다.

칠판에 걸어 놓은 인체 모형

정호박

과학 시간에 인체 모형을 만들었다.

선생님께서 우리들이 만든 인체 모형을 칠판에 붙이라고 했다.

다른 친구들은 반듯이 붙였다.

난 좀 색다르게 하고 싶었다.

나중에 내 껄 찾기도 쉽고, 그냥 붙어 있으면 재미없을 것 같아서
이다.

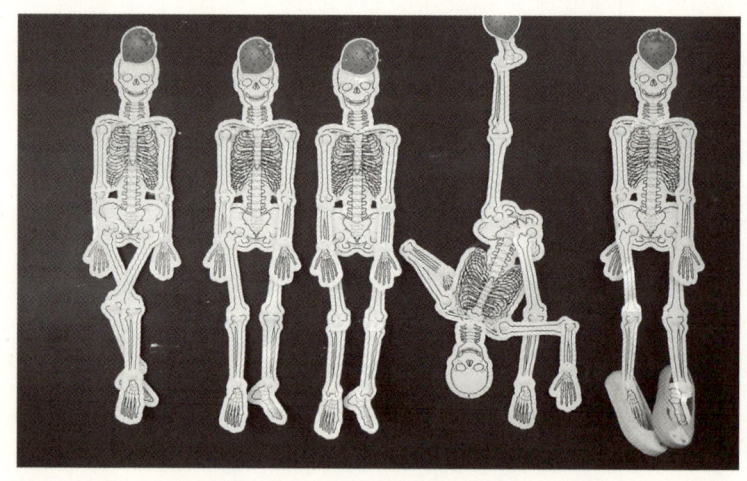

혼자 거꾸로 있는 해골은
우리가 사는 세상이 거꾸로 보이겠다.
거꾸로 바라보면 세상도 거꾸로 보이겠지.
해골이 보는 거꾸로 세상이 궁금해진다.

고무줄 총 발사

양딸기

이레몬이 고무줄을 가지고 놀면서 "이거 멀리 날릴 수 있어?"라고 말했다.

그래서 고무줄 총을 만들었다.

친구들에게 발사해 보았다.

하면 할수록 더 재미있었다.

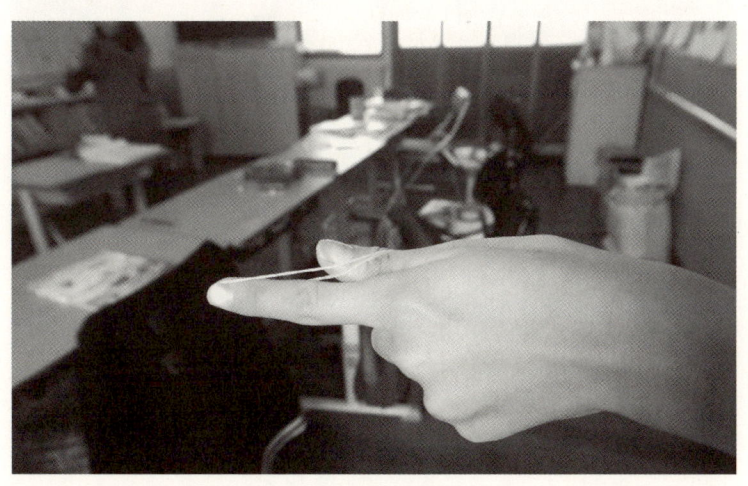

고무줄을 힘껏 당겨 손을 놓으면
탕!
누구야?
모른 척 시치미를 떼던 선생님의 어린 시절이 떠오른다.

선생님은 너희들이 그렇게 춤을 잘 출지는 몰랐다.
물론 교실에서 연습하는 모습을 보긴 했지만
무대에서 보여 준 춤 실력은 상상 이상이었다.
가슴이 뭉클해져서 울 뻔했다.
공연이 끝나고 할아버지 한 분이 그동안 모아 두셨던 네 잎 클로버를 주셨단다.
우리에게 어떤 행운이 찾아올까?

효령노인복지타운에서 공연 봉사

김포도

버스를 타고 효령노인복지타운으로 갔다. 학교와 가까워 10분 만에 도착했다.

우린 첫 번째로 무대에 올라갔다.

객석에는 할머니, 할아버지께서 꽤 많이 앉아 계셨다.

설레는 마음으로 사물놀이 공연을 시작했다. 중간에 자두와 내가 맞춰야 하는 부분이 있었는데, 꽤 괜찮게 한 것 같다.

그렇게 첫 번째 공연을 마치고, 나, 자두, 딸기가 함께 춤을 추는 시간이 돌아왔다.

노래 제목은 '오늘부터 우리는'이다.

공연이 끝나고 5, 6학년이 할머니, 할아버지께 빵과 음료를 나눠 드렸다.

할머니, 할아버지, 공연 재미있게 봐 주셔서 감사합니다.

오래오래 건강하세요.

담장을 넘어온 감

지샘

학교와 붙어 있는 집이 하나 있다.
학교도 오래되었지만
이 집도 만만치 않게 오래되어 보인다.

사람도 살고 있지 않은 오래된 집에
감나무가 한 그루 있다.

가을만 되면 탐스럽게 빨간 열매를
주렁주렁 달고 있지만
사람이 먹을 수 없는 맛이다.

한입 베었다가 뱉어 버렸다.

맛없는 감도 새들이 드나들며 다 먹어 치운다.
나한테는 맛이 없지만 새들에겐 맛있나 보다.

유관순 언니

김자두

국어 시간에 유관순 언니에 대한 글이 나왔다.

처음에는 아무 생각이 없었는데 책을 다 읽고 나니 일본인들이 너무 괘씸했다. 내가 확 때려 주고 싶었다. 왜 다들 다른 나라를 차지하려고 그러는지 모르겠다는 생각도 들고 왜 땅을 가지고 싸우는지도 이해가 안 갔다.

그냥 자기 땅에서 행복하게 살면 되는데, 사람들은 욕심이 많은 것 같다.

유관순 언니는 정말 나라를 사랑했었나 보다. 그냥 숨어서 몰래 지낼 수도 있었는데.

난 언니처럼 못 했을 것 같다. 재판에서 난 "잘못했어요!"라고 말했을 것 같은데 언니는 "내가 한 행동은 절대 헛되지 않았다."라고 말하다니.

와! 대단하다.

근데 어떻게 되찾은 나라인데, 어른들은 막 욕하고, 쓰레기 버리고, 아무 데서나 담배 피우고 에휴~ 어른들은 위대한 분 닮아야 한다고 하면서 자신들은 왜 그렇게 사는지 모르겠다.

앞으로 우리한테만 잘해라 그러지 말고 먼저 실천해 주면 좋겠다.

자두 말에 선생님부터 뜨끔해지는구나.
선생님부터 잘할게.
그래야, 다른 어른들도 잘하겠지.

티볼은 재밌어

양딸기

체육 시간에 티볼을 했다.

레몬, 호박, 선생님이 한 팀이고 나, 포도, 자두가 한 팀이 되었다.

4:4 무승부로 경기가 끝났다.

우리 반 친구들은 못하는 운동이 없구나.
티볼을 하는 모습을 보니
리틀 야구단을 만들어도 되겠다.

오늘부터 4교시

양딸기

오늘은 금요일
다음 주 목요일이 겨울방학식이다.
그래서인지 오늘부터 4교시다.
수업이 빨리 끝나서 신이 난다.
방학이 끝나도 쭉 4교시 했으면 좋겠다.

딸기야, 얼마나 좋으냐?
지긋지긋한 수업을 오전만 하게 된다니.
수업이 재미있든 재미없든 짧을수록 좋은 것이 수업이다.
오후를 마음껏 즐겨라!

욕설로 싸우거나 몸으로 싸우는 건 안 되지만
눈으로는 싸워도 괜찮다.
눈을 단단히 뭉쳐 얏!

눈싸움

지샘

하얗게 쌓인 눈 덕분에
지각을 했다.
한 번 밀리기 시작한 차들은
거북이걸음이다.

느릿느릿 도착하여
정문을 통과하니
아이들은 벌써 눈싸움이 한창이다.

이리저리 쫓아가고
이리저리 도망가고
한쪽에선 눈덩이를 뭉치는 아이들.

그렇게 놀다가 수업 시간 안에만 들어오렴.

국어 시간에 배운 '짝짝이 양말'을 엄마의 입장으로 바꿔 써 보았구나.
레몬이가 쓴 시를 읽어 보니, 선생님 어렸을 때가 생각난다.
구멍 난 양말을 감추려고 엄지발가락에 힘을 주었던 기억.

짝짝이 양말

이레몬

집에 온 딸
양말 벗는 걸 보니
양말이 짝짝이다.

짝짝이 신은 줄 모르고
하루를 보냈겠지

짝짝이 양말 신었는데
신경도 못 써 주고
정말 미안하다.

우리 반에 수분이 부족하다

김포도

미술 시간이다.

저번에 다 완성하지 못한 민화를 색칠했다. 난 그전에 타일 그림을 먼저 색칠해서 호랑이 그림 하나만 색칠하면 된다.

한참 색칠하고 있는데 미술 선생님께서,

"너희 반 공기는 너무 탁해! 아침에 환기는 시키니?"

이런저런 잔소리를 하셨다.

그러시더니 이 교실에는 수분이 필요하다며 바닥에 물을 마구마구 뿌려 대셨다.

처음에는 분무기로 뿌리시더니 나중에는 아예 통째로 물을 바닥에 부으셨다.

정말 황당했다.

포도야,
때로는 우리가 전혀 눈치채지 못한 걸
어쩌다 한 번씩 오는 사람은 알아차릴 때가 있단다.
미술 선생님께서는 우리 반이 건조하다는 걸 아신 거지.
우리 반 습도까지 조절해 주시는 미술 선생님께 고맙다고 말씀드리자.

내가 선물로 준비한 곰돌이와 곰순이 열쇠고리는
1학년 최 선생님에게 돌아갔다.
최 선생님은 포장지에서 꺼낸 열쇠고리를 들고 환하게 웃었다.
누군가에게 깜짝 선물을 받는다는 건 언제나 설레는 일이다.

만원의 행복

지샘

우리 학교 교직원들은 겨울방학식이 다가올 무렵 각자 선물을 하나
씩 준비하여 교무실 박스에 넣어 두었다.

작년부터 시작한 '만 원의 행복'을 함께 즐기기 위해서이다.

만 원의 행복 박스에는 "행복을 넣어 주세요."라는 문구가 적혀 있
었다.

난 아침 일찍 교무실에 들러 '만 원의 행복' 박스에 내가 준비한 선
물을 넣어 두었다.

겨울방학식이 있는 날, 전 교직원이 모여 '만 원의 행복' 박스를 개봉
했다.

모든 선물에 행복이 가득 담겨 있는 듯했다.

선물에는 번호표가 붙어 있었고, 난 13번 선물을 뽑았다. 선물 상자
에는 어떤 행복이 담겨 있을까?

선생님, 생신 축하해요

김자두

오늘은 드디어 그동안 준비해 온 선생님 생일 파티를 하는 날이다.

케이크는 엄마가 사 주셨고 생일 축하 장식은 우리들이 직접 만들었다. 그리고 폭죽, 편지 등 여러 가지 준비를 하기로 했다.

그런데 하필 오늘이 알뜰시장을 하는 날이어서 우리가 그동안 준비한 물건을 레몬이가 깜빡 잊고 안 가져온 것이다.

"얼른 갔다 올게."

레몬이가 8시 20분 안에는 올 수 있다며 금방 다녀온다고 말했다.

"그래, 그럼 얼른 갔다 와."라고 말하고 레몬이를 기다리기로 했다.

그런데, 8시 20분이 지나도 레몬이는 안 왔다. 선생님은 8시 30분에 오신다고 했는데 큰일이다.

레몬이가 빨리 오기를 노심초사하고 있던 그때, 선생님께서 문을 열고 들어오셨다.

'아' 망했다.

그 순간, 레몬이가 교실로 들어왔다.

그렇게 우리는 교실 문이 열려진 채로 "생일 축하합니다. 생일 축하합니다." 노래를 불렀다.

우리는 미리 준비한 편지도 드렸고, 떡 케이크를 먹었다.

너희들이 준비한 생일 파티에 감동했다.
감동이 마음으로 전해졌다.
그리고 너희들 마음속에 선생님이 좋은 사람으로
간직되어 있는 것 같아 흐뭇해졌다.

알뜰한 알뜰시장

이레몬

3, 4교시 때, 기다리고 기다리던 알뜰시장을 했다.

우린 집에서 가져온 물건들을 강당으로 가지고 갔다.

돗자리를 깔고 팔 물건을 그 위에 올렸다.

나, 포도, 자두가 함께 가게를 열었다.

처음에 아이돌 사진이 팔리더니, 다른 물건들도 잘 팔렸다.

그리고 다른 가게에 가 봤는데 나한테 필요한 물건은 별로 없었다.

그래서 우리 가게에서 자두가 가져온 파우치를 500원에 샀다.

우린 물건을 판 돈으로 선생님들께서 만들고 있는 떡볶이를 사 먹고
남은 돈을 기부했다.

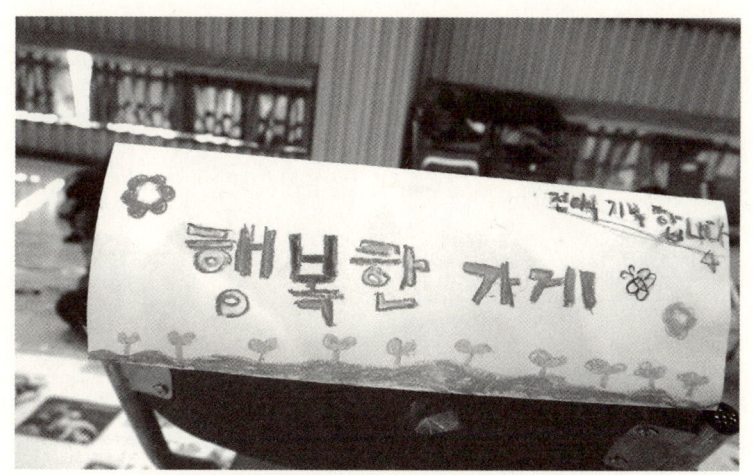

나에겐 필요하지 않지만 누군가에겐 필요한 물건들이 있구나.
선생님들은 떡볶이를 팔아 기부하고 너희들은 물건을 팔아 기부하고.
우리가 기부한 돈이 꼭 필요한 곳에 잘 사용되면 좋겠다.

저 멀리 떨어진 우주의 한 점에서는 지구의 과거를 볼 수 있다.
지구의 과거를 간직한 우주.
우리가 지나온 삶은 온전히 우주 어딘가에 새겨져 있다.

외계인이 되어 지구인 관찰하기

정호박

난 페르세우스자리의 알게니브 근처에 살고 있는 외계인이다.

지구에서는 590광년 떨어져 있다.
그 말은 빛의 속도로 590년을 가야 지구에 도착한다는 말이다.

알게니브에서 지구를 보니
지구에는 조선시대 외계인들이 보였다.

어떤 외계인들은 옷이 화려하고
어떤 외계인들은 옷이 그저 그랬다.

겨울방학이 시작되는 날, 산타 할아버지가 교실에 나타났다.
많은 어린이들에게 꿈과 희망을 선물해 주는 산타 할아버지께 감사드리자.
"메리 크리스마스, 헤피 뉴 이어."

산타 할아버지가 교실에

김포도

오늘은 크리스마스이브다.

게다가 겨울방학식도 한다.

선생님께서는 오늘 산타 할아버지가 우리 교실로 오신다고 했다. 우린 잔뜩 기대하고 있었다.

드디어 창밖에 산타 할아버지가 나타났다.

정말 신이 났다.

"메리 크리스마스."

산타 할아버지는 교실로 들어오시더니, 선물 꾸러미에서 선물을 꺼내기 시작했다.

자두와 레몬이는 보조가방, 호박이는 야구공과 글러브, 딸기는 책, 난 피코 폴리머 클레이였다.

산타 할아버지께서 진짜로 폴리머 클레이를 가지고 오실 줄 몰랐다.

산타 할아버지는 우리와 사진을 찍고 그렇게 가셨다.

정말 짧은 만남이었지만 그래도 좋았다.

산타 할아버지, 감사합니다.

5학년 마지막 주

이레몬

버스를 타고 학교에 가는데 신이 났다.

왜냐하면 친구들과 선생님을 만날 수 있기 때문이다.

버스에서 내렸다.

바람은 차가웠지만 기분은 상쾌했다.

빨리 교실로 들어가고 싶어 운동장을 달려 보았다. 뛰는 게 좀 힘들긴 했지만 그래도 빨리 들어가고 싶어서 더 빨리 달렸다.

2층 복도에 올라가니 6학년 별이 언니가 반겨 주었다.

교실 문을 열고 들어가서 가방을 내려놓고 창가에 있는 화분을 보았다. 꽤 많이 자랐다.

방학 동안 우리만 자란 게 아니라 교실에 있던 식물도 많이 자랐다.

잠시 후, 선생님과 김자두, 양딸기, 정호박, 마지막으로 스쿨버스를 타고 오는 김포도가 교실로 들어왔다. 다들 반가웠다.

오랜만에 우리는 함께 모였고, 방학 동안 있었던 이런저런 이야기를 나누었다.

5학년 마지막 주가 그렇게 시작되었다.

5학년 마지막 주가 시작되었다.
선생님과 함께 지낼 날도 일주일밖에 남지 않았구나.
일주일 동안 선생님은 너희들을 마음껏 사랑해야겠다.
마지막 시간까지 즐겁게 보내자.

정리

정호박

개학을 하고 나서 사물함과 책상 속을 정리했다.
짐이 엄청 많이 나왔다.
쓰레기는 쓰레기통에 버리고 폐휴지는 폐휴지함에 버렸다.
쓰레기통이 꽉 찼다.
정리를 하니 빈자리가 많이 생겼다.
앞으로 정리를 잘해야겠다.

호박이 사물함과 책상이 깨끗해졌다.
그렇게 치우라고 해도 치우지 않더니 6학년이 된다고 하니
생각이 달라지기라도 한 걸까?
빈자리를 만들어 놓아야 새것으로 채울 수 있단다.

메이크업을 하다

양딸기

오늘은 진로 캠프가 있는 날이다.

나는 메이크업 반에 들어갔다.

다른 친구들은 제빵사 반에 들어가 쿠키를 만들었다.

메이크업 반에서는 화장을 했다.

화장을 다 하고 거울을 바라보았다. 기분이 이상했다.

입술은 빨갛고, 볼은 불그스름하고 눈썹이 짙어지니 딴 사람 같다.
화장을 예쁘게 하고, 옷차림을 다르게 하면 양딸기도 신데렐라가 될 수 있겠다.
그럼, 양딸기를 찾아 멋진 왕자님이 달려오겠구나.

자두는 마니또를 맞히지 못했지만 선생님은 마니또를 맞혔다.
김포도가 의자에 앉아 있는 나에게 "선생님, 이거 드세요."라고 말하며,
피로회복제를 건넸으니 못 맞힐 수가 없더구나.
때로는 조심스러워하지 말고 그냥 다가설 필요가 있다.
"내가 너의 마니또야, 우리 같이 과자 먹을까?"

마니또

김자두

선생님과 함께 마니또를 뽑았다.

난 아무 생각 없이 뽑았는데 '정호박'이 나왔다. 여자 친구를 뽑고 싶었는데 서운했다. 그런데 잠시 후, 선생님께서 자기를 뽑았다고 다시 한다고 했다.

다행이다.

그렇게 다시 뽑았는데 이번에는 '김포도'라는 이름이 쓰여 있었다. 김포도가 적힌 종이를 손에 쥐고 '뭘 해 줄까? 아, 과자를 주면 주겠다.'

그 기회는 졸업식 축하공연을 준비할 때였다.

나는 포도에게 우리 집에 가서 댄스 연습을 하자고 했다.

우리는 과자를 함께 먹었다.

그렇게 5일이 지나고 마니또를 발표하는 날.

김포도는 내가 마니또인지 몰랐고, 난 내 마니또가 이레몬인지 몰랐다.

레몬이와 선생님만 마니또를 맞혔다.

졸업식

전교생이 강당으로 갔다.

먼저, 6학년 언니 오빠들에게 졸업장, 특기상, 장학금 등을 수여했다.

그리고 4, 5학년이 6학년의 졸업을 축하하는 축하공연을 했다. 4학년이 합주를 하는 동안 우린 대기실에서 기다렸다. 합주 무대가 끝나고 다음 공연은 나, 자두, 레몬이가 준비한 리코더 합주였다. 곡은 '함께 걸어 좋은 길'이었다. 막상 무대에 올라가니 엄청 긴장되고 떨렸다. 하지만 언니 오빠들이 흐뭇해하는 모습을 보니 기분이 좋았다.

리코더 공연이 끝나고 이번에는 나, 자두, 딸기가 춤을 췄다. 노래 제목은 '하얀 마음'이었다. 연습할 시간이 이틀밖에 없었지만, 쉬는 시간과 남은 자투리 시간을 활용해서 열심히 연습한 덕분에 꽤 잘한 것 같았다. 처음에는 무지하게 떨렸는데 끝나고 나니 해냈다는 뿌듯함과 성취감을 느꼈다. 우리 모두 성공적이라고 말했다.

마지막으로 언니 오빠들이 강당 밖으로 걸어갔다.

우리는 "안녕~"이라고 말하며 배웅을 해 주었다. 친구들과 강당을 정리하다가 밖을 보니 풍선이 날아가고 있었다. 저 풍선들처럼 꿈을 향해 날고 싶다. 이제 봄방학이 지나고 개학하면 6학년이 된다. 새로운 마음으로 새롭게 시작해야겠다.

다섯 손가락 친구들과 함께한 일 년이 졸업식과 함께 모두 마무리되었다.
6학년 언니 오빠들은 중학교로 떠나고, 너희들은 6학년이 된다.
새롭게 시작하는 2016년
꿈을 꾸고, 그 꿈을 이루기 위해 노력하는 너희들이 되기를 바란다.

변한 건

지샘

2015년 3월부터 시작한 일기가 2016년 2월로 막을 내린다.
그동안 무엇이 변했는지 생각해 봤다.

지난 5월 김 선생님께서 뱃속에 품었던 지산이가 씩씩한 모습으로
세상에 태어났고,
존경심을 스스로 우러나게 만드는 문 교감선생님께서 다른 학교 교
장선생님으로 가시게 되었으며,
김 선생님의 육아휴직으로 생긴 빈자리를 이제 막 군대를 제대한 신
규 교사가 대신하게 되었다.

그리고 8명의 6학년 학생들이 졸업을 하며, 우리 반 다섯 손가락 친
구들이 6학년이 된다.
아직 우리 반 아이들은 모르고 있지만 난 4학년 담임선생님이 되고,
우리 반 다섯 손가락은 그들의 4학년 담임선생님이셨던 K선생님이 맡
게 된다.

또 변한 건 뭘까?
곰곰이 생각해 보니 결국 내가 변했다.

아이들을 대하는 나의 태도가 변했고,
하루를 살아가는 나의 방식이 변했고,
세상과 마주하는 나의 시선이 달라졌다.

그럼 됐다. 좀 더 나은 내가 되었으면 그걸로 됐다.

삶의 행복을 꿈꾸는 교육은
어디에서 오는가? 미래 100년을 향한 새로운 교육

혁신교육을
실천하는
교사들의 **필독서**

▶ **교육혁명을 앞당기는 배움책 이야기**
혁신교육의 철학과 잉걸진 미래를 만나다!

 핀란드 교육혁명
한국교육연구네트워크 총서 01 | 320쪽 | 값 15,000원

 일제고사를 넘어서
한국교육연구네트워크 총서 02 | 284쪽 | 값 13,000원

 새로운 사회를 여는 교육혁명
한국교육연구네트워크 총서 03 | 380쪽 | 값 17,000원

 교장제도 혁명
한국교육연구네트워크 총서 04 | 268쪽 | 값 14,000원

 새로운 사회를 여는 교육자치 혁명
한국교육연구네트워크 총서 05 | 312쪽 | 값 15,000원

 혁신학교에 대한 교육학적 성찰
한국교육연구네트워크 총서 06 | 308쪽 | 값 15,000원

 혁신학교
성열관·이순철 지음 | 224쪽 | 값 12,000원

 행복한 혁신학교 만들기
초등교육과정연구모임 지음 | 264쪽 | 값 13,000원

 서울형 혁신학교 이야기
이부영 지음 | 320쪽 | 값 15,000원

 혁신교육, 철학을 만나다
브렌트 데이비스·데니스 수마라 지음
현인철·서용선 옮김 | 304쪽 | 값 15,000원

 혁신교육 존 듀이에게 묻다
서용선 지음 | 292쪽 | 값 14,000원

 다시 읽는 조선 교육사
이만규 지음 | 750쪽 | 값 33,000원

 프레이리와 교육
한국교육연구네트워크 번역 총서 01
존 엘리아스 지음 | 한국교육연구네트워크 옮김
276쪽 | 값 14,000원

 교육은 사회를 바꿀 수 있을까?
한국교육연구네트워크 번역 총서 02
마이클 애플 지음 | 강희룡·김선우·박원순·이형빈 옮김
352쪽 | 값 16,000원

 **비판적 페다고지는
세상을 변화시킬 수 있는가?**
한국교육연구네트워크 번역 총서 03
Seewha Cho 지음 | 심성보·조시화 옮김 | 280쪽 | 값 14,000원

 마이클 애플의 민주학교
한국교육연구네트워크 번역 총서 04
마이클 애플·제임스 빈 엮음 | 강희룡 옮김 | 276쪽 | 값 14,000원

 미래교육의 열쇠, 창의적 문화교육
심광현·노명우·강정석 지음 | 368쪽 | 값 16,000원

 대한민국 교사, 어떻게 가르칠 것인가?
윤성관 지음 | 320쪽 | 값 15,000원

 아이들을 어떻게 가르칠 것인가
사토 마나부 지음 | 박찬영 옮김 | 232쪽 | 값 13,000원

 아이들의 배움은 어떻게 깊어지는가
이시이 준지 지음 | 방지현·이창희 옮김 | 200쪽 | 값 11,000원

 모두를 위한 국제이해교육
한국국제이해교육학회 지음 | 364쪽 | 값 16,000원
2015 세종도서 학술부문

 경쟁을 넘어 발달 교육으로
현광일 지음 | 288쪽 | 값 14,000원

 독일 교육, 왜 강한가?
박성희 지음 | 324쪽 | 값 15,000원

 대한민국 교육혁명
교육혁명공동행동 연구위원회 지음 | 152쪽 | 값 5,000원

▶ 비고츠키 선집 시리즈
발달과 협력의 교육학 어떻게 읽을 것인가?

생각과 말
레프 세묘노비치 비고츠키 지음
배희철·김용호·D. 켈로그 옮김 | 690쪽 | 값 33,000원

도구와 기호
비고츠키·루리야 지음 | 비고츠키 연구회 옮김
336쪽 | 값 16,000원

어린이 자기행동숙달의 역사와 발달 Ⅰ
L.S. 비고츠키 지음 | 비고츠키 연구회 옮김
564쪽 | 값 28,000원

어린이 자기행동숙달의 역사와 발달 Ⅱ
L.S. 비고츠키 지음 | 비고츠키 연구회 옮김
552쪽 | 값 28,000원

어린이의 상상과 창조
L.S. 비고츠키 지음 | 비고츠키 연구회 옮김
280쪽 | 값 15,000원

연령과 위기
L.S. 비고츠키 지음 | 비고츠키연구회 옮김
336쪽 | 값 17,000원

성장과 분화
L.S. 비고츠키 지음 | 비고츠키 연구회 옮김
308쪽 | 값 15,000원

관계의 교육학, 비고츠키
진보교육연구소 비고츠키교육학실천연구모임 지음
300쪽 | 값 15,000원

비고츠키 생각과 말 쉽게 읽기
진보교육연구소 비고츠키교육학실천연구모임 지음
316쪽 | 값 15,000원

비고츠키와 인지 발달의 비밀
A.R. 루리야 지음 | 배희철 옮김 | 280쪽 | 값 15,000원

수업과 수업 사이
비고츠키 연구회 지음 | 196쪽 | 값 12,000원

▶ 평화샘 프로젝트 매뉴얼 시리즈
학교 폭력에 대한 근본적인 예방과 대책을 찾는다

학교 폭력 어떻게 만들어지는가
문재현 외 지음 | 300쪽 | 값 14,000원

학교 폭력, 멈춰!
문재현 외 지음 | 348쪽 | 값 15,000원

왕따, 이렇게 해결할 수 있다
문재현 외 지음 | 236쪽 | 값 12,000원

젊은 부모를 위한 백만 년의 육아 슬기
문재현 지음 | 248쪽 | 값 13,000원

아이들을 살리는 동네
문재현·신동명·김수동 지음 | 204쪽 | 값 10,000원

평화! 행복한 학교의 시작
문재현 외 지음 | 252쪽 | 값 12,000원

마을에 배움의 길이 있다
문재현 지음 | 208쪽 | 값 10,000원

▶ 교과서 밖에서 만나는 역사 교실
상식이 통하는 살아 있는 역사를 만나다

 전봉준과 동학농민혁명
조광환 지음 | 336쪽 | 값 15,000원

 남도의 기억을 걷다
노성태 지음 | 344쪽 | 값 14,000원

 응답하라 한국사 1·2
김은석 지음 | 356쪽·368쪽 | 각권 값 15,000원

 즐거운 국사수업 32강
김남선 지음 | 280쪽 | 값 11,000원

 즐거운 세계사 수업
김은석 지음 | 328쪽 | 값 13,000원

 강화도의 기억을 걷다
최보길 지음 | 276쪽 | 값 14,000원

 광주의 기억을 걷다
노성태 지음 | 348쪽 | 값 15,000원

 선생님도 궁금해하는 한국사의 비밀 20가지
김은석 지음 | 312쪽 | 값 15,000원

 교과서 밖에서 배우는 역사 공부
정은교 지음 | 292쪽 | 값 14,000원

 팔만대장경도 모르면 빨래판이다
전병철 지음 | 360쪽 | 값 16,000원

 빨래판도 잘 보면 팔만대장경이다
전병철 지음 | 360쪽 | 값 16,000원

 영화는 역사다
강성률 지음 | 288쪽 | 값 13,000원

 친일 영화의 해부학
강성률 지음 | 264쪽 | 값 15,000원

 한국 고대사의 비밀
김은석 지음 | 304쪽 | 값 13,000원

 조선족 근현대 교육사
정미량 지음 | 320쪽 | 값 15,000원

▶ 창의적인 협력수업을 지향하는 삶이 있는 국어 교실
우리말 글을 배우며 세상을 배운다

 중학교 국어 수업 어떻게 할 것인가?
김미경 지음 | 332쪽 | 값 15,000원

 토론의 숲에서 나를 만나다
명혜정 엮음 | 312쪽 | 값 15,000원

 토닥토닥 토론해요
명혜정·이명선·조선미 엮음 | 288쪽 | 값 15,000원

 이야기 꽃 1
박용성 엮어 지음 | 276쪽 | 값 9,800원

 이야기 꽃 2
박용성 엮어 지음 | 294쪽 | 값 13,000원

 인문학의 숲을 거니는 토론 수업
순천국어교사모임 엮음 | 308쪽 | 값 15,000원

▶ 더불어 사는 정의로운 세상을 여는 인문사회과학
사람의 존엄과 평등의 가치를 배운다

밥상혁명
강양구 · 강이현 지음 | 298쪽 | 값 13,800원

좌·우지간 인권이다
안경환 지음 | 288쪽 | 값 13,000원

도덕 교과서 무엇이 문제인가?
김대용 지음 | 272쪽 | 값 14,000원

민주 시민교육
심성보 지음 | 544쪽 | 값 25,000원

자율주의와 진보교육
조엘 스프링 지음 | 심성보 옮김 | 320쪽 | 값 15,000원

민주 시민을 위한 도덕교육
심성보 지음 | 500쪽 | 값 25,000원
2015 세종도서 학술부문

민주화 이후의 공동체 교육
심성보 지음 | 392쪽 | 값 15,000원
2009 문화체육관광부 우수학술도서

교과서 밖에서 배우는 인문학 공부
정은교 지음 | 280쪽 | 값 13,000원

갈등을 넘어 협력 사회로
이창언 · 오수길 · 유문종 · 신윤관 지음 | 280쪽 | 값 15,000원

오래된 미래교육
정재걸 지음 | 392쪽 | 값 18,000원

동양사상과 마음교육
정재걸 외 지음 | 356쪽 | 값 16,000원
2015 세종도서 학술부문

대한민국 의료혁명
전국보건의료산업노동조합 엮음 | 548쪽 | 값 25,000원

교과서 밖에서 배우는 철학 공부
정은교 지음 | 280쪽 | 값 14,000원

교과서 밖에서 배우는 고전 공부
정은교 지음 | 288쪽 | 값 14,000원

교과서 밖에서 배우는 사회 공부
정은교 지음 | 304쪽 | 값 15,000원

전체 안의 전체 사고 속의 사고
김우창의 인문학을 읽다
현광일 지음 | 320쪽 | 값 15,000원

▶ 살림터 참교육 문예 시리즈
영혼이 있는 삶을 가르치는 온 선생님을 만나다!

꽃보다 귀한 우리 아이는
조재도 지음 | 244쪽 | 값 12,000원

선생님이 먼저 때렸는데요
강병철 지음 | 248쪽 | 값 12,000원

성깔 있는 나무들
최은숙 지음 | 244쪽 | 값 12,000원

서울 여자, 시골 선생님 되다
조경선 지음 | 252쪽 | 값 12,000원

아이들에게 세상을 배웠네
명혜정 지음 | 240쪽 | 값 12,000원

행복한 창의 교육
최창의 지음 | 328쪽 | 값 15,000원

밥상에서 세상으로
김흥숙 지음 | 280쪽 | 값 13,000원

북유럽 교육 기행
정애경 외 14인 지음 | 288쪽 | 값 14,000원

▶ 남북이 하나 되는 두물머리 평화교육
분단 극복을 위한 치열한 배움과 실천을 만나다

 10년 후 통일
정동영·지승호 지음 | 328쪽 | 값 15,000원

 선생님, 통일이 뭐예요?
정경호 지음 | 252쪽 | 값 13,000원

 분단시대의 통일교육
성래운 지음 | 428쪽 | 값 18,000원

 김창환 교수의 DMZ 지리 이야기
김창환 지음 | 264쪽 | 값 15,000원

▶ 출간 예정

참된 삶과 교육에 관한
생각 줍기